Your **Collins Gem** ~~[obscured]~~ all learners of French. ~~[obscured]~~ French verbs and how to use them in a ~~[obscured]~~

The main part of the book consists of 112 fully conjugated ~~[obscured]~~ – regular and irregular – listed alphabetically. Each is self-contained in a double-page spread showing in full all the tenses with pronouns, so you can see at a glance which verb ending to use for which tense and which person. The spread also lists common constructions and idiomatic phrases containing that verb, plus other verbs which are conjugated in a similar way.

In addition, the introduction gives a detailed explanation of each of the three French verb conjugations, along with instructions on how to form the present participle, the past participle and the imperative in each conjugation. Defective verbs and 'regular' spelling irregularities are also listed.

The final section of the book comprises an alphabetical index of over 2,000 widely used verbs, each one cross-referred to its basic model.

CONTENTS

The French Verb

The majority of verbs are regular and conform to rules; the fact that irregular verbs do not follow any overall pattern means that they have to be learned individually.

The infinitive ending of regular verbs indicates to which conjugation or group they belong:

1st conjugation: ER ending; model: DONNER (36)*
2nd conjugation: IR ending; model: FINIR (45)*
3rd conjugation: RE ending; model VENDRE (107)*
(* = verb model number, not page number)

To conjugate a regular verb, you must add the appropriate verb ending to the appropriate tense stem. The stem for the present, imperfect, past historic and both subjunctive tenses is the infinitive minus its ER, IR or RE ending; the stem for the future and conditional tenses is the whole infinitive in the 1st and 2nd conjugations, and the infinitive minus its final E in the 3rd conjugation.

For each conjugation, the following tables show

(1) the verb endings for each tense
(2) how these are added to the stem.

Pr = present; I = imperfect; F = future; C = conditional; PH = past historic; PrS = present subjunctive; PS = past subjunctive

1st conjugation (1)

Tense	Endings					
Pr	e	es	e	ons	ez	ent
I	ais	ais	ait	ions	iez	aient
F	ai	as	a	ons	ez	ont
C	ais	ais	ait	ions	iez	aient
PH	ai	as	a	âmes	âtes	èrent
PrS	e	es	e	ions	iez	ent
PS	asse	asses	ât	assions	assiez	assent

(2)

	STEM	Pr	I	PH	PrS	PS
je	donn	e	ais	ai	e	asse
tu	donn	es	ais	as	es	asses
il	donn	e	ait	a	e	ât
nous	donn	ons	ions	âmes	ions	assions
vous	donn	ez	iez	âtes	iez	assiez
ils	donn	ent	aient	èrent	ent	assent

	STEM	F	C
je	donner	ai	ais
tu	donner	as	ais
il	donner	a	ait
nous	donner	ons	ions
vous	donner	ez	iez
ils	donner	ont	aient

2nd conjugation (1)

Tense	Endings					
Pr	is	is	it	issons	issez	issent
I	issais	issais	issait	issions	issiez	issaient
F	ai	as	a	ons	ez	ont
C	ais	ais	ait	ions	iez	aient
PH	is	is	it	îmes	îtes	irent
PrS	isse	isses	isse	issions	issiez	issent
PS	isse	isses	it	issions	issiez	issent

(2)

	STEM	Pr	I	PH	PrS	PS
je	fin	is	issais	is	isse	isse
tu	fin	is	issais	is	isses	isses
il	fin	it	issait	it	isse	ît
nous	fin	issons	issions	îmes	issions	issions
vous	fin	issez	issiez	îtes	issiez	issiez
ils	fin	issent	issaient	irent	issent	issent

	STEM	F	C
je	finir	ai	ais
tu	finir	as	ais
il	finir	a	ait
nous	finir	ons	ions
vous	finir	ez	iez
ils	finir	ont	aient

3rd conjugation (1)

Tense	Endings					
Pr	s	s	–	ons	ez	ent
I	ais	ais	ait	ions	iez	aient
F	ai	as	a	ons	ez	ont
C	ais	ais	ait	ions	iez	aient
PH	is	is	it	îmes	îtes	irent
PrS	e	es	e	ions	iez	ent
PS	isse	isses	ît	issions	issiez	issent

(2)

	STEM	Pr	I	PH	PrS	PS
je	vend	s	ais	is	e	isse
tu	vend	s	ais	is	es	isses
il	vend	–	ait	it	e	ît
nous	vend	ons	ions	îmes	ions	issions
vous	vend	ez	iez	îtes	iez	issiez
ils	vend	ent	aient	irent	ent	issent

	STEM	F	C
je	vendr	ai	ais
tu	vendr	as	ais
il	vendr	a	ait
nous	vendr	ons	ions
vous	vendr	ez	iez
ils	vendr	ont	aient

The Present Participle

To form the present participle, add the following endings to the infinitive minus its ER, IR or RE ending

1st conjugation **ant**   (donnant)
2nd conjugation **issant** (finissant)
3rd conjugation **ant**   (vendant)

With the exception of 'en', French uses an infinitive after prepositions where English uses a present participle.

Thus: sans parler = without speaking
           après être parti = after having left
but: en faisant = while doing.

The Past Participle

To form the past participle, add the following endings to the infinitive minus its ER, IR or RE ending

1st conjugation **é** (donné)
2nd conjugation **i** (fini)
3rd conjugation **u** (vendu)

For agreement rules in compound tenses, see p. 10.

The Imperative

The imperative is the same as the present tense 'tu', 'nous' and 'vous' forms minus the subject pronouns: finis, allons, commencez.

Exceptions
1) ER verbs and verbs like cueillir, ouvrir etc, which keep the 's' ending of the 'tu' form only if it is immediately followed by y or en: avance; va; vas-y, cueilles-en.
2) avoir and être, whose imperative forms are the same as the present subjunctive (minus the 's' of 'tu' form for avoir).
3) vouloir: veuille, veuillons, veuillez.
4) savoir: sache, sachons, sachez.

Affirmative/negative imperative – pronoun object follows/precedes verb: prends-le/ne le prends pas; asseyez-vous/ne vous asseyez pas.

'Regular' Spelling Irregularities

A number of spelling changes affect 1st conjugation verbs. Such changes and when they occur are shown below. Verb types are divided according to their infinitive ending. We suggest that you use the table in conjunction with the numbered verb models indicated. C = consonant(s)

-eler/-eter (*i: appeler 4/jeter 50; ii: acheter 1*) either i) l → ll/t → tt or ii) e → è	*before e, es, ent; throughout future and conditional tenses*
e + C + er (*lever 52*) e → è	*as above*
-éger (*protéger 80*) é → è; see **-ger**	*before e, es, ent; as for* **-ger**
-é + C + er (*espérer 41*) é → è	*before e, es, ent*
-oyer/-uyer (*nettoyer 63*) y → i	*before e, es, ent; throughout future and conditional tenses*
-ayer (*i: payer 70; ii: as for nettoyer 63*) either i) y retained throughout or ii) y → i	*as above*
-cer (*commencer 15*) c → ç (*to soften c*)	*when verb endings starting with a or o immediately follow c*
-ger (*manger 54*) e retained (*to soften g*)	*when verb endings starting with a or o immediately follow g*

Glossary

You should familiarize yourself with the following descriptions of major verb categories.

Transitive   taking a direct object

Intransitive   used without a direct object

*A verb may be transitive in English yet intransitive in French (and vice versa):

  he disobeyed the rules (transitive)
  il a désobéi aux règles (intransitive)
  he looked at his sister (intransitive)
  il a regardé sa sœur (transitive)

Reflexive   taking a reflexive pronoun (English: myself, ourselves etc; French: me, nous etc) which 'reflects' back to the subject
*1) Not all verbs which are reflexive in French are reflexive in English
            e.g. se coucher = to go to bed
*2) The reflexive pronoun is sometimes optional in English
            e.g. se laver = to wash (oneself)

Reciprocal   taking a reciprocal pronoun which expresses mutual action or relation
            e.g. ils se regardent = they look at each other *or* one another
*Since the plural forms of reciprocal and reflexive verbs are identical, 'ils se regardent' might mean 'they look at themselves'. Always gauge the correct translation from the context.

Auxiliary   used to conjugate verbs in their compound tenses (see p. 10)

Impersonal   used only in the 3rd person singular, to represent a neutral subject
            e.g. il pleut = it's raining

Compound Tenses: The Use of Auxiliary Verbs

In simple tenses, the verb is expressed in one word (e.g. donne, finir
vendions); in compound tenses, the past participle is added to th
appropriate tense of the auxiliary verbs avoir and être (e.g. a donné, au
fini, avions vendu). Most verbs are conjugated with avoir, but the êtr
auxiliary is used with reflexive and reciprocal verbs, and when the ver
is in the passive voice. (See note on Passive: p. 12)

The following intransitive verbs are also conjugated with être:

aller	revenir	passer*
venir	retourner*	rester
entrer*	rentrer*	devenir
sortir*	monter*	naître
arriver	descendre*	mourir
partir	tomber	

(* = conjugated with avoir when transitive)

Rules of Agreement for Past Participles

(a) The past participle of a verb conjugated with être agrees in numb
and gender with its subject.

Thus: elle est partie = she left

elle s'est souvenue[1] = she remembered

([1]typical of verbs which are reflexive in form but whose pronouns ha
no true reflexive value)

Exceptions: 1) reflexives 2) reciprocals

e.g. 1) elle s'est lavée (transitive)

elle s'est parlé (intransitive)

2) ils se sont regardés (transitive)

ils se sont parlé (intransitive)

(Exceptions explained in (b))

(b) The past participle of a verb conjugated with avoir and of a transiti
reflexive or reciprocal verb agrees in number and gender with
direct object, provided the direct object precedes the verb; otherwis
the past participle remains invariable.

Thus: je les ai vendus = I sold them

elle s'est lavée = she washed

10

ils se sont regardés = they looked at each other

but: j'ai vendu les sacs = I sold the bags

elle s'est parlé = she talked to herself

(s' = indirect object)

ils se sont parlé = they talked to each other

(se = indirect object)

(NB: elle s'est lavé les mains = she washed her hands – no agreement since direct object (les mains) follows the verb and s' = indirect object)

Some intransitive verbs (e.g. coûter, peser etc) may be accompanied by a complement of price, weight etc. Do not mistake this for a direct object: the past participle remains invariable – 'les 5F que ça m'a coûté = the 5F it cost me'; 'les 3 kilos que le colis a pesé = the 3 kilos the parcel weighed'. Also invariable are the past participles of impersonal verbs – 'les accidents qu'il y a eu = the accidents there were'.

For verbal constructions of the type 'I saw her leave', 'she heard them being scolded' (verbs of perception), or 'he took us swimming', which are translated in French by a verb plus infinitive, the rules of agreement are as follows:

1) if the preceding direct object is the subject of the infinitive, the past participle agrees in number and gender with it:

je l'ai vue partir = I saw her leave

il nous a emmenés nager = he took us swimming

2) if the preceding direct object is the object of the infinitive, the past participle remains invariable:

elle les a entendu gronder

= she heard them being scolded.

In constructions such as 'laisser faire' where laisser is used in conjunction with an infinitive, the same rules apply:

1) je les ai laissés tomber = I dropped them

2) elle s'est laissé persuader = she let herself be persuaded.

When faire is used in this way, however, it contradicts the 1st rule: the past participle remains invariable in both cases:

1) la femme qu'il a fait venir = the woman he sent for
2) la montre qu'il a fait réparer = the watch he (has) had repaired.

The Passive Voice

A transitive verb is active when its subject performs the action (she dis
obeyed the rules) and passive when its subject receives the action (sh
was punished). In French, the passive is formed by adding the pas
participle to the appropriate tense of être:

'elle était punie = she was punished' (note agreement with subject).
   (*NB*: do not confuse a passive verb with an intransitive verb, whic
   can only be used in the active voice –
   elle était allée = she had gone)

French does not use the passive as extensively as English, preferring
either 1) 'on': on m'a dit que ... = I was told that ...
or   2) a reflexive verb with an inanimate subject:
            ce mot ne s'emploie plus = this word is no longer used.

Note

In the tables on the following pages these abbreviations are used.

qch	quelque chose
qn	quelqu'un
sb	somebody
sth	something

Defective Verbs

Defective verbs have missing or obsolete parts. The forms shown below are those most likely to occur. Unless otherwise stated, the auxiliary verb (where applicable) is avoir.

1 Present Participle 2 Past Participle 3 Present 4 Imperfect
5 Future 6 Conditional 7 Past Historic 8 Present Subjunctive
9 Past Subjunctive

accroire en faire accroire
apparoir 3 il appert
béer 1 béant 3 il bée 4 il béait
choir (être) 2 chu 3 chois, chois, choit, choient 5 choirai etc
6 choirais etc 7 il chut 9 il chût
déchoir 2 déchu 3 déchois, déchois, déchoit, déchoyons, déchoyez,
déchoient 5 déchoirai etc 6 déchoirais etc 7 déchus etc 8 déchoie etc
9 déchusse etc
échoir (être) 1 échéant 2 échu 3 il échoit 5 il échoira 6 il échoirait 7 il
échut 8 il échoie 9 il échût
faillir 1 faillant 2 failli 5 faillirai etc 6 faillirais etc 7 faillis etc
NB: j'ai failli tomber = I nearly fell
gésir 1 gisant 3 gis, gis, gît, gisons, gisez 4 gisais etc
messeoir 1 messéant 3 il messied, ils messiéent 6 il messiérait, ils mes-
siéraient
oindre 1 oignant 2 oint 3 il oint 4 il oignait
ouïr 2 ouï
paître 1 paissant 3 pais, pais, paît, paissons, paissez, paissent 4 pais-
sais etc 5 paîtrai etc 6 paîtrais etc 8 paisse etc
poindre 2 point 3 il point 5 il poindra
repaître like **paître** but also has 2 repu 7 repus 9 repusse etc
seoir (= to become) 1 seyant 3 il sied, ils siéent 4 il seyait, ils seyaient 5
il siéra, ils siéront 6 il siérait, ils siéraient 8 il siée

1 acheter to buy

<table>
<tr><td colspan="2">PRESENT</td><td colspan="2">IMPERFECT</td></tr>
<tr><td>j'</td><td>achète</td><td>j'</td><td>achetais</td></tr>
<tr><td>tu</td><td>achètes</td><td>tu</td><td>achetais</td></tr>
<tr><td>il</td><td>achète</td><td>il</td><td>achetait</td></tr>
<tr><td>nous</td><td>achetons</td><td>nous</td><td>achetions</td></tr>
<tr><td>vous</td><td>achetez</td><td>vous</td><td>achetiez</td></tr>
<tr><td>ils</td><td>achètent</td><td>ils</td><td>achetaient</td></tr>
</table>

<table>
<tr><td colspan="2">IMPERATIVE</td><td colspan="2">FUTURE</td></tr>
<tr><td></td><td>achète</td><td>j'</td><td>achèterai</td></tr>
<tr><td></td><td>achetons</td><td>tu</td><td>achèteras</td></tr>
<tr><td></td><td>achetez</td><td>il</td><td>achètera</td></tr>
<tr><td></td><td></td><td>nous</td><td>achèterons</td></tr>
<tr><td></td><td></td><td>vous</td><td>achèterez</td></tr>
<tr><td></td><td></td><td>ils</td><td>achèteront</td></tr>
</table>

<table>
<tr><td colspan="2">PRESENT PARTICIPLE</td><td colspan="2">CONDITIONAL</td></tr>
<tr><td></td><td>achetant</td><td>j'</td><td>achèterais</td></tr>
<tr><td></td><td></td><td>tu</td><td>achèterais</td></tr>
<tr><td colspan="2">PAST PARTICIPLE</td><td>il</td><td>achèterait</td></tr>
<tr><td></td><td>acheté</td><td>nous</td><td>achèterions</td></tr>
<tr><td></td><td></td><td>vous</td><td>achèteriez</td></tr>
<tr><td></td><td></td><td>ils</td><td>achèteraient</td></tr>
</table>

acheter to buy (1)

PAST HISTORIC		PRESENT SUBJUNCTIVE	
j'	achetai	j'	achète
tu	achetas	tu	achètes
il	acheta	il	achète
nous	achetâmes	nous	achetions
vous	achetâtes	vous	achetiez
ils	achetèrent	ils	achètent

PERFECT		PAST SUBJUNCTIVE	
j'	ai acheté	j'	achetasse
tu	as acheté	tu	achetasses
il	a acheté	il	achetât
nous	avons acheté	nous	achetassions
vous	avez acheté	vous	achetassiez
ils	ont acheté	ils	achetassent

·············· CONSTRUCTIONS ··

acheter qch à qn to buy sth from sb; to buy sth for sb
je le lui ai acheté I bought it from him; I bought it for him
je le lui ai acheté 10F I bought it from him for 10F

·············· SIMILAR VERBS ··

congeler to freeze   **déceler** to discover   **geler** to freeze
haleter to paint   **peler** to peel

15

2   acquérir   to acquire

<table>
<tr><td colspan="2">PRESENT</td><td colspan="2">IMPERFECT</td></tr>
<tr><td>j'</td><td>acquiers</td><td>j'</td><td>acquérais</td></tr>
<tr><td>tu</td><td>acquiers</td><td>tu</td><td>acquérais</td></tr>
<tr><td>il</td><td>acquiert</td><td>il</td><td>acquérait</td></tr>
<tr><td>nous</td><td>acquérons</td><td>nous</td><td>acquérions</td></tr>
<tr><td>vous</td><td>acquérez</td><td>vous</td><td>acquériez</td></tr>
<tr><td>ils</td><td>acquièrent</td><td>ils</td><td>acquéraient</td></tr>
</table>

<table>
<tr><td colspan="2">IMPERATIVE</td><td colspan="2">FUTURE</td></tr>
<tr><td colspan="2">acquiers</td><td>j'</td><td>acquerrai</td></tr>
<tr><td colspan="2">acquérons</td><td>tu</td><td>acquerras</td></tr>
<tr><td colspan="2">acquérez</td><td>il</td><td>acquerra</td></tr>
<tr><td colspan="2"></td><td>nous</td><td>acquerrons</td></tr>
<tr><td colspan="2"></td><td>vous</td><td>acquerrez</td></tr>
<tr><td colspan="2"></td><td>ils</td><td>acquerront</td></tr>
</table>

PRESENT PARTICIPLE

acquérant

PAST PARTICIPLE

acquis

<table>
<tr><td colspan="2">CONDITIONAL</td></tr>
<tr><td>j'</td><td>acquerrais</td></tr>
<tr><td>tu</td><td>acquerrais</td></tr>
<tr><td>il</td><td>acquerrait</td></tr>
<tr><td>nous</td><td>acquerrions</td></tr>
<tr><td>vous</td><td>acquerriez</td></tr>
<tr><td>ils</td><td>acquerraient</td></tr>
</table>

acquérir to acquire

PAST HISTORIC	
j'	acquis
tu	acquis
il	acquit
nous	acquîmes
vous	acquîtes
ils	acquirent

PRESENT SUBJUNCTIVE	
j'	acquière
tu	acquières
il	acquière
nous	acquérions
vous	acquériez
ils	acquièrent

PERFECT	
j'	ai acquis
tu	as acquis
il	a acquis
nous	avons acquis
vous	avez acquis
ils	ont acquis

PAST SUBJUNCTIVE	
j'	acquisse
tu	acquisses
il	acquît
nous	acquissions
vous	acquissiez
ils	acquissent

·············· CONSTRUCTIONS ··············

acquérir de l'expérience to gain experience
acquérir de la valeur to go up in value
les mauvaises habitudes s'acquièrent facilement bad habits
are easily picked up

·············· SIMILAR VERBS ··············

conquérir to conquer   **s'enquérir** to inquire   **requérir** to require

3 aller to go

PRESENT	
je	vais
tu	vas
il	va
nous	allons
vous	allez
ils	vont

IMPERFECT	
j'	allais
tu	allais
il	allait
nous	allions
vous	alliez
ils	allaient

IMPERATIVE
va
allons
allez

FUTURE	
j'	irai
tu	iras
il	ira
nous	irons
vous	irez
ils	iront

PRESENT PARTICIPLE
allant

PAST PARTICIPLE
allé

CONDITIONAL	
j'	irais
tu	irais
il	irait
nous	irions
vous	iriez
ils	iraient

aller to go ③

PAST HISTORIC		PRESENT SUBJUNCTIVE
j' allai		j' aille
tu allas		tu ailles
il alla		il aille
nous allâmes		nous allions
vous allâtes		vous alliez
ils allèrent		ils aillent

PERFECT		PAST SUBJUNCTIVE
je suis allé		j' allasse
tu es allé		tu allasses
il est allé		il allât
nous sommes allés		nous allassions
vous êtes allé(s)		vous allassiez
ils sont allés		ils allassent

········· CONSTRUCTIONS ·········

aller faire qch to go and do sth
aller à qn to fit sb; to suit sb
comment allez-vous? – je vais bien/mal/mieux how are you? –
I'm well/unwell/better
s'en aller to go (away); to leave
allons-y! let's go!

appeler to call

PRESENT

j'	appelle
tu	appelles
il	appelle
nous	appelons
vous	appelez
ils	appellent

IMPERFECT

j'	appelais
tu	appelais
il	appelait
nous	appelions
vous	appeliez
ils	appelaient

IMPERATIVE

appelle
appelons
appelez

FUTURE

j'	appellerai
tu	appelleras
il	appellera
nous	appellerons
vous	appellerez
ils	appelleront

PRESENT PARTICIPLE

appelant

PAST PARTICIPLE

appelé

CONDITIONAL

j'	appellerais
tu	appellerais
il	appellerait
nous	appellerions
vous	appelleriez
ils	appelleraient

appeler to call (4)

<table>
<tr><td colspan="2">PAST HISTORIC</td></tr>
<tr><td>j'</td><td>appelai</td></tr>
<tr><td>tu</td><td>appelas</td></tr>
<tr><td>il</td><td>appela</td></tr>
<tr><td>nous</td><td>appelâmes</td></tr>
<tr><td>vous</td><td>appelâtes</td></tr>
<tr><td>ils</td><td>appelèrent</td></tr>
</table>

<table>
<tr><td colspan="2">PRESENT SUBJUNCTIVE</td></tr>
<tr><td>j'</td><td>appelle</td></tr>
<tr><td>tu</td><td>appelles</td></tr>
<tr><td>il</td><td>appelle</td></tr>
<tr><td>nous</td><td>appelions</td></tr>
<tr><td>vous</td><td>appeliez</td></tr>
<tr><td>ils</td><td>appellent</td></tr>
</table>

<table>
<tr><td colspan="2">PERFECT</td></tr>
<tr><td>j'</td><td>ai appelé</td></tr>
<tr><td>tu</td><td>as appelé</td></tr>
<tr><td>il</td><td>a appelé</td></tr>
<tr><td>nous</td><td>avons appelé</td></tr>
<tr><td>vous</td><td>avez appelé</td></tr>
<tr><td>ils</td><td>ont appelé</td></tr>
</table>

<table>
<tr><td colspan="2">PAST SUBJUNCTIVE</td></tr>
<tr><td>j'</td><td>appelasse</td></tr>
<tr><td>tu</td><td>appelasses</td></tr>
<tr><td>il</td><td>appelât</td></tr>
<tr><td>nous</td><td>appelassions</td></tr>
<tr><td>vous</td><td>appelassiez</td></tr>
<tr><td>ils</td><td>appelassent</td></tr>
</table>

CONSTRUCTIONS

comment vous appelez-vous? what's your name?
je m'appelle Suzanne my name is Suzanne
appeler qn à l'aide *or* **au secours** to call to sb for help
en appeler à to appeal to

SIMILAR VERBS

amonceler to pile up   **épeler** to spell   **jumeler** to twin
rappeler to recall   **renouveler** to renew

5 | apprendre to learn

PRESENT

j'	apprends
tu	apprends
il	apprend
nous	apprenons
vous	apprenez
ils	apprennent

IMPERFECT

j'	apprenais
tu	apprenais
il	apprenait
nous	apprenions
vous	appreniez
ils	apprenaient

IMPERATIVE

apprends
apprenons
apprenez

FUTURE

j'	apprendrai
tu	apprendras
il	apprendra
nous	apprendrons
vous	apprendrez
ils	apprendront

PRESENT PARTICIPLE

apprenant

PAST PARTICIPLE

appris

CONDITIONAL

j'	apprendrais
tu	apprendrais
il	apprendrait
nous	apprendrions
vous	apprendriez
ils	apprendraient

apprendre to learn 5

PAST HISTORIC	
j'	appris
tu	appris
il	apprit
nous	apprîmes
vous	apprîtes
ils	apprirent

PRESENT SUBJUNCTIVE	
j'	apprenne
tu	apprennes
il	apprenne
nous	apprenions
vous	appreniez
ils	apprennent

PERFECT	
j'	ai appris
tu	as appris
il	a appris
nous	avons appris
vous	avez appris
ils	ont appris

PAST SUBJUNCTIVE	
j'	apprisse
tu	apprisses
il	apprît
nous	apprissions
vous	apprissiez
ils	apprissent

CONSTRUCTIONS

apprendre à faire qch to learn (how) to do sth
apprendre qch à qn to teach sb sth; to tell sb sth
apprendre à qn à faire qch to teach sb (how) to do sth
l'espagnol s'apprend facilement Spanish is easy to learn

arriver to arrive

<table>
<tr><td colspan="2">PRESENT</td><td colspan="2">IMPERFECT</td></tr>
<tr><td>j'</td><td>arrive</td><td>j'</td><td>arrivais</td></tr>
<tr><td>tu</td><td>arrives</td><td>tu</td><td>arrivais</td></tr>
<tr><td>il</td><td>arrive</td><td>il</td><td>arrivait</td></tr>
<tr><td>nous</td><td>arrivons</td><td>nous</td><td>arrivions</td></tr>
<tr><td>vous</td><td>arrivez</td><td>vous</td><td>arriviez</td></tr>
<tr><td>ils</td><td>arrivent</td><td>ils</td><td>arrivaient</td></tr>
</table>

IMPERATIVE		FUTURE	
arrive		j'	arriverai
arrivons		tu	arriveras
arrivez		il	arrivera
		nous	arriverons
		vous	arriverez
		ils	arriveront

PRESENT PARTICIPLE	CONDITIONAL	
arrivant	j'	arriverais
	tu	arriverais
	il	arriverait
PAST PARTICIPLE	nous	arriverions
arrivé	vous	arriveriez
	ils	arriveraient

24

arriver to arrive

PAST HISTORIC	
j'	arrivai
tu	arrivas
il	arriva
nous	arrivâmes
vous	arrivâtes
ils	arrivèrent

PRESENT SUBJUNCTIVE	
j'	arrive
tu	arrives
il	arrive
nous	arrivions
vous	arriviez
ils	arrivent

PERFECT	
je	suis arrivé
tu	es arrivé
il	est arrivé
nous	sommes arrivés
vous	êtes arrivé(s)
ils	sont arrivés

PAST SUBJUNCTIVE	
j'	arrivasse
tu	arrivasses
il	arrivât
nous	arrivassions
vous	arrivassiez
ils	arrivassent

·············· CONSTRUCTIONS ··

arriver à faire qch to succeed in doing sth
ça peut arriver this may happen
il lui est arrivé un accident he's had an accident
la neige lui arrivait (jusqu')aux genoux the snow came up to his knees

7   *assaillir* to attack

<table>
<tr><td colspan="2">PRESENT</td><td colspan="2">IMPERFECT</td></tr>
<tr><td>j'</td><td>assaille</td><td>j'</td><td>assaillais</td></tr>
<tr><td>tu</td><td>assailles</td><td>tu</td><td>assaillais</td></tr>
<tr><td>il</td><td>assaille</td><td>il</td><td>assaillait</td></tr>
<tr><td>nous</td><td>assaillons</td><td>nous</td><td>assaillions</td></tr>
<tr><td>vous</td><td>assaillez</td><td>vous</td><td>assailliez</td></tr>
<tr><td>ils</td><td>assaillent</td><td>ils</td><td>assaillaient</td></tr>
</table>

<table>
<tr><td colspan="2">IMPERATIVE</td><td colspan="2">FUTURE</td></tr>
<tr><td colspan="2">assaille</td><td>j'</td><td>assaillirai</td></tr>
<tr><td colspan="2">assaillons</td><td>tu</td><td>assailliras</td></tr>
<tr><td colspan="2">assaillez</td><td>il</td><td>assaillira</td></tr>
<tr><td colspan="2"></td><td>nous</td><td>assaillirons</td></tr>
<tr><td colspan="2"></td><td>vous</td><td>assaillirez</td></tr>
<tr><td colspan="2"></td><td>ils</td><td>assailliront</td></tr>
</table>

<table>
<tr><td colspan="2">PRESENT PARTICIPLE</td><td colspan="2">CONDITIONAL</td></tr>
<tr><td colspan="2">assaillant</td><td>j'</td><td>assaillirais</td></tr>
<tr><td colspan="2"></td><td>tu</td><td>assaillirais</td></tr>
<tr><td colspan="2">PAST PARTICIPLE</td><td>il</td><td>assaillirait</td></tr>
<tr><td colspan="2">assailli</td><td>nous</td><td>assaillirions</td></tr>
<tr><td colspan="2"></td><td>vous</td><td>assailliriez</td></tr>
<tr><td colspan="2"></td><td>ils</td><td>assailliraient</td></tr>
</table>

assaillir to attack (7)

PAST HISTORIC		PRESENT SUBJUNCTIVE	
j'	assaillis	j'	assaille
tu	assaillis	tu	assailles
il	assaillit	il	assaille
nous	assaillîmes	nous	assaillions
vous	assaillîtes	vous	assailliez
ils	assaillirent	ils	assaillent

PERFECT		PAST SUBJUNCTIVE	
j'	ai assailli	j'	assaillisse
tu	as assailli	tu	assaillisses
il	a assailli	il	assaillît
nous	avons assailli	nous	assaillissions
vous	avez assailli	vous	assaillissiez
ils	ont assailli	ils	assaillissent

.... CONSTRUCTIONS ....

on l'a assailli de questions he was bombarded with questions

8 s'asseoir to sit down

PRESENT

je	m'assieds
tu	t'assieds
il	s'assied
nous	nous asseyons
vous	vous asseyez
ils	s'asseyent

IMPERFECT

je	m'asseyais
tu	t'asseyais
il	s'asseyait
nous	nous asseyions
vous	vous asseyiez
ils	s'asseyaient

ALTERNATIVE FORM OF PRESENT

je	m'assois
tu	t'assois
il	s'assoit
nous	nous assoyons
vous	vous assoyez
ils	s'assoient

FUTURE

je	m'assiérai
tu	t'assiéras
il	s'assiéra
nous	nous assiérons
vous	vous assiérez
ils	s'assiéront

IMPERATIVE

assieds-toi
asseyons-nous
asseyez-vous

PRESENT PARTICIPLE

s'asseyant

PAST PARTICIPLE

assis

CONDITIONAL

je	m'assiérais
tu	t'assiérais
il	s'assiérait
nous	nous assiérions
vous	vous assiériez
ils	s'assiéraient

s'asseoir to sit down

PAST HISTORIC	
je	m'assis
tu	t'assis
il	s'assit
nous	nous assîmes
vous	vous assîtes
ils	s'assirent

PRESENT SUBJUNCTIVE	
je	m'asseye
tu	t'asseyes
il	s'asseye
nous	nous asseyions
vous	vous asseyiez
ils	s'asseyent

PERFECT	
je	me suis assis
tu	t'es assis
il	s'est assis
nous	nous sommes assis
vous	vous êtes assis
ils	se sont assis

PAST SUBJUNCTIVE	
je	m'assisse
tu	t'assisses
il	s'assît
nous	nous assissions
vous	vous assissiez
ils	s'assissent

.... CONSTRUCTIONS ....

veuillez vous asseoir please be seated
il s'est assis sur une chaise/par terre he sat (down) on a
chair/the floor
il est assis sur une chaise/par terre he is sitting on a chair/the
floor

9 attendre to wait

PRESENT	
j'	attends
tu	attends
il	attend
nous	attendons
vous	attendez
ils	attendent

IMPERFECT	
j'	attendais
tu	attendais
il	attendait
nous	attendions
vous	attendiez
ils	attendaient

IMPERATIVE
attends
attendons
attendez

FUTURE	
j'	attendrai
tu	attendras
il	attendra
nous	attendrons
vous	attendrez
ils	attendront

PRESENT PARTICIPLE
attendant

PAST PARTICIPLE
attendu

CONDITIONAL	
j'	attendrais
tu	attendrais
il	attendrait
nous	attendrions
vous	attendriez
ils	attendraient

attendre to wait

PAST HISTORIC	
j'	attendis
tu	attendis
il	attendit
nous	attendîmes
vous	attendîtes
ils	attendirent

PRESENT SUBJUNCTIVE	
j'	attende
tu	attendes
il	attende
nous	attendions
vous	attendiez
ils	attendent

PERFECT	
j'	ai attendu
tu	as attendu
il	a attendu
nous	avons attendu
vous	avez attendu
ils	ont attendu

PAST SUBJUNCTIVE	
j'	attendisse
tu	attendisses
il	attendît
nous	attendissions
vous	attendissiez
ils	attendissent

.... CONSTRUCTIONS ....

nous attendons qu'il parte we're waiting for him to leave
j'ai attendu 2 heures I waited (for) 2 hours
attends d'être plus grand wait till you're older
attendre qch de qn/qch to expect sth of sb/sth
s'attendre à qch/à faire to expect sth/to do

31

10 avoir to have

<table>
<tr><td colspan="2">PRESENT</td><td colspan="2">IMPERFECT</td></tr>
<tr><td>j'</td><td>ai</td><td>j'</td><td>avais</td></tr>
<tr><td>tu</td><td>as</td><td>tu</td><td>avais</td></tr>
<tr><td>il</td><td>a</td><td>il</td><td>avait</td></tr>
<tr><td>nous</td><td>avons</td><td>nous</td><td>avions</td></tr>
<tr><td>vous</td><td>avez</td><td>vous</td><td>aviez</td></tr>
<tr><td>ils</td><td>ont</td><td>ils</td><td>avaient</td></tr>
</table>

<table>
<tr><td colspan="2">IMPERATIVE</td><td colspan="2">FUTURE</td></tr>
<tr><td colspan="2">aie</td><td>j'</td><td>aurai</td></tr>
<tr><td colspan="2">ayons</td><td>tu</td><td>auras</td></tr>
<tr><td colspan="2">ayez</td><td>il</td><td>aura</td></tr>
<tr><td colspan="2"></td><td>nous</td><td>aurons</td></tr>
<tr><td colspan="2"></td><td>vous</td><td>aurez</td></tr>
<tr><td colspan="2"></td><td>ils</td><td>auront</td></tr>
</table>

<table>
<tr><td>PRESENT PARTICIPLE</td><td colspan="2">CONDITIONAL</td></tr>
<tr><td>ayant</td><td>j'</td><td>aurais</td></tr>
<tr><td></td><td>tu</td><td>aurais</td></tr>
<tr><td>PAST PARTICIPLE</td><td>il</td><td>aurait</td></tr>
<tr><td>eu</td><td>nous</td><td>aurions</td></tr>
<tr><td></td><td>vous</td><td>auriez</td></tr>
<tr><td></td><td>ils</td><td>auraient</td></tr>
</table>

PAST HISTORIC	
j'	eus
tu	eus
il	eut
nous	eûmes
vous	eûtes
ils	eurent

PRESENT SUBJUNCTIVE	
j'	aie
tu	aies
il	ait
nous	ayons
vous	ayez
ils	aient

PERFECT	
j'	ai eu
tu	as eu
il	a eu
nous	avons eu
vous	avez eu
ils	ont eu

PAST SUBJUNCTIVE	
j'	eusse
tu	eusses
il	eût
nous	eussions
vous	eussiez
ils	eussent

············ CONSTRUCTIONS ··

j'ai des lettres à écrire I've got letters to write
quel âge avez-vous? – j'ai 10 ans how old are you? – I'm
10 (years old)
avoir faim/chaud/tort to be hungry/hot/wrong
il y a there is; there are
il y a 10 ans 10 years ago

11 battre to beat

PRESENT		IMPERFECT	
je	bats	je	battais
tu	bats	tu	battais
il	bat	il	battait
nous	battons	nous	battions
vous	battez	vous	battiez
ils	battent	ils	battaient

IMPERATIVE		FUTURE	
	bats	je	battrai
	battons	tu	battras
	battez	il	battra
		nous	battrons
		vous	battrez
		ils	battront

PRESENT PARTICIPLE		CONDITIONAL	
	battant	je	battrais
		tu	battrais
PAST PARTICIPLE		il	battrait
	battu	nous	battrions
		vous	battriez
		ils	battraient

battre to beat

PAST HISTORIC		PRESENT SUBJUNCTIVE	
je	battis	je	batte
tu	battis	tu	battes
il	battit	il	batte
nous	battîmes	nous	battions
vous	battîtes	vous	battiez
ils	battirent	ils	battent

PERFECT		PAST SUBJUNCTIVE	
j'	ai battu	je	battisse
tu	as battu	tu	battisses
il	a battu	il	battît
nous	avons battu	nous	battissions
vous	avez battu	vous	battissiez
ils	ont battu	ils	battissent

············· CONSTRUCTIONS ·············

battre des mains to clap one's hands
l'oiseau battait des ailes the bird was flapping its wings
se battre to fight

············· SIMILAR VERBS ·············

abattre to pull down   **combattre** to fight   **débattre** to discuss
rabattre to pull down

boire to drink

PRESENT	
je	bois
tu	bois
il	boit
nous	buvons
vous	buvez
ils	boivent

IMPERFECT	
je	buvais
tu	buvais
il	buvait
nous	buvions
vous	buviez
ils	buvaient

IMPERATIVE
bois
buvons
buvez

FUTURE	
je	boirai
tu	boiras
il	boira
nous	boirons
vous	boirez
ils	boiront

PRESENT PARTICIPLE
buvant

PAST PARTICIPLE
bu

CONDITIONAL	
je	boirais
tu	boirais
il	boirait
nous	boirions
vous	boiriez
ils	boiraient

PAST HISTORIC		PRESENT SUBJUNCTIVE
je	bus	je boive
tu	bus	tu boives
il	but	il boive
nous	bûmes	nous buvions
vous	bûtes	vous buviez
ils	burent	ils boivent

PERFECT		PAST SUBJUNCTIVE
j'	ai bu	je busse
tu	as bu	tu busses
il	a bu	il bût
nous	avons bu	nous bussions
vous	avez bu	vous bussiez
ils	ont bu	ils bussent

CONSTRUCTIONS

boire un verre to have a drink

13 | bouillir to boil

<table>
<tr><td colspan="2">PRESENT</td><td colspan="2">IMPERFECT</td></tr>
<tr><td>je</td><td>bous</td><td>je</td><td>bouillais</td></tr>
<tr><td>tu</td><td>bous</td><td>tu</td><td>bouillais</td></tr>
<tr><td>il</td><td>bout</td><td>il</td><td>bouillait</td></tr>
<tr><td>nous</td><td>bouillons</td><td>nous</td><td>bouillions</td></tr>
<tr><td>vous</td><td>bouillez</td><td>vous</td><td>bouilliez</td></tr>
<tr><td>ils</td><td>bouillent</td><td>ils</td><td>bouillaient</td></tr>
</table>

IMPERATIVE

bous
bouillons
bouillez

FUTURE

je	bouillirai
tu	bouilliras
il	bouillira
nous	bouillirons
vous	bouillirez
ils	bouilliront

PRESENT PARTICIPLE

bouillant

PAST PARTICIPLE

bouilli

CONDITIONAL

je	bouillirais
tu	bouillirais
il	bouillirait
nous	bouillirions
vous	bouilliriez
ils	bouilliraient

bouillir to boil (13)

PAST HISTORIC	
je	bouillis
tu	bouillis
il	bouillit
nous	bouillîmes
vous	bouillîtes
ils	bouillirent

PRESENT SUBJUNCTIVE	
je	bouille
tu	bouilles
il	bouille
nous	bouillions
vous	bouilliez
ils	bouillent

PERFECT	
j'	ai bouilli
tu	as bouilli
il	a bouilli
nous	avons bouilli
vous	avez bouilli
ils	ont bouilli

PAST SUBJUNCTIVE	
je	bouillisse
tu	bouillisses
il	bouillît
nous	bouillissions
vous	bouillissiez
ils	bouillissent

··············· CONSTRUCTIONS ···

faire bouillir de l'eau/des pommes de terre to boil water/
potatoes
bouillir de colère/d'impatience to seethe with anger/impatience

clore to shut

PRESENT		IMPERFECT	
je	clos	je	closais
tu	clos	tu	closais
il	clôt	il	closait
nous	closons	nous	closions
vous	closez	vous	closiez
ils	closent	ils	closaient

IMPERATIVE	FUTURE	
not used	je	clorai
	tu	cloras
	il	clora
	nous	clorons
	vous	clorez
	ils	cloront

PRESENT PARTICIPLE	CONDITIONAL	
closant	je	clorais
	tu	clorais
	il	clorait
PAST PARTICIPLE	nous	clorions
clos	vous	cloriez
	ils	cloraient

clore to shut (14)

PAST HISTORIC		PRESENT SUBJUNCTIVE

not used

je	close
tu	closes
il	close
nous	closions
vous	closiez
ils	closent

PERFECT		PAST SUBJUNCTIVE

j'	ai clos
tu	as clos
il	a clos
nous	avons clos
vous	avez clos
ils	ont clos

not used

·············· CONSTRUCTIONS ··

le débat s'est clos sur cette remarque the discussion ended
with that remark
clore le bec à qn to shut sb up

41

15 *commencer* to begin

PRESENT

je	commence
tu	commences
il	commence
nous	commençons
vous	commencez
ils	commencent

IMPERFECT

je	commençais
tu	commençais
il	commençait
nous	commencions
vous	commenciez
ils	commençaient

IMPERATIVE

commence
commençons
commencez

FUTURE

je	commencerai
tu	commenceras
il	commencera
nous	commencerons
vous	commencerez
ils	commenceront

PRESENT PARTICIPLE

commençant

PAST PARTICIPLE

commencé

CONDITIONAL

je	commencerais
tu	commencerais
il	commencerait
nous	commencerions
vous	commenceriez
ils	commenceraient

commencer to begin

PAST HISTORIC	
je	commençai
tu	commenças
il	commença
nous	commençâmes
vous	commençâtes
ils	commencèrent

PRESENT SUBJUNCTIVE	
je	commence
tu	commences
il	commence
nous	commencions
vous	commenciez
ils	commencent

PERFECT	
j'	ai commencé
tu	as commencé
il	a commencé
nous	avons commencé
vous	avez commencé
ils	ont commencé

PAST SUBJUNCTIVE	
je	commençasse
tu	commençasses
il	commençât
nous	commençassions
vous	commençassiez
ils	commençassent

.... CONSTRUCTIONS ....

commencer à or **de faire** to begin to do
commencer par qch to begin with sth
commencer par faire qch to begin by doing sth
il commence à pleuvoir it's beginning to rain

.... SIMILAR VERBS ....

annoncer to announce **avancer** to move forward
déplacer to move **effacer** to erase **lancer** to throw

16 *comprendre* to understand

PRESENT

je	comprends
tu	comprends
il	comprend
nous	comprenons
vous	comprenez
ils	comprennent

IMPERFECT

je	comprenais
tu	comprenais
il	comprenait
nous	comprenions
vous	compreniez
ils	comprenaient

IMPERATIVE

comprends
comprenons
comprenez

FUTURE

je	comprendrai
tu	comprendras
il	comprendra
nous	comprendrons
vous	comprendrez
ils	comprendront

PRESENT PARTICIPLE

comprenant

PAST PARTICIPLE

compris

CONDITIONAL

je	comprendrais
tu	comprendrais
il	comprendrait
nous	comprendrions
vous	comprendriez
ils	comprendraient

comprendre to understand (16)

PAST HISTORIC	
je	compris
tu	compris
il	comprit
nous	comprîmes
vous	comprîtes
ils	comprirent

PRESENT SUBJUNCTIVE	
je	comprenne
tu	comprennes
il	comprenne
nous	comprenions
vous	compreniez
ils	comprennent

PERFECT	
j'	ai compris
tu	as compris
il	a compris
nous	avons compris
vous	avez compris
ils	ont compris

PAST SUBJUNCTIVE	
je	comprisse
tu	comprisses
il	comprît
nous	comprissions
vous	comprissiez
ils	comprissent

··············· CONSTRUCTIONS ···

la maison comprend 10 pièces the house comprises 10 rooms
mal comprendre to misunderstand
service compris service charge included
100F y compris l'électricité or **l'électricité y comprise** 100F
including electricity

17 | *conclure* to conclude

<table>
<tr><td colspan="2">PRESENT</td><td colspan="2">IMPERFECT</td></tr>
<tr><td>je</td><td>conclus</td><td>je</td><td>concluais</td></tr>
<tr><td>tu</td><td>conclus</td><td>tu</td><td>concluais</td></tr>
<tr><td>il</td><td>conclut</td><td>il</td><td>concluait</td></tr>
<tr><td>nous</td><td>concluons</td><td>nous</td><td>concluions</td></tr>
<tr><td>vous</td><td>concluez</td><td>vous</td><td>concluiez</td></tr>
<tr><td>ils</td><td>concluent</td><td>ils</td><td>concluaient</td></tr>
</table>

IMPERATIVE

conclus
concluons
concluez

FUTURE

je conclurai
tu concluras
il conclura
nous conclurons
vous conclurez
ils concluront

PRESENT PARTICIPLE

concluant

PAST PARTICIPLE

conclu

CONDITIONAL

je conclurais
tu conclurais
il conclurait
nous conclurions
vous concluriez
ils concluraient

conclure to conclude (17)

PAST HISTORIC		PRESENT SUBJUNCTIVE	
je	conclus	je	conclue
tu	conclus	tu	conclues
il	conclut	il	conclue
nous	conclûmes	nous	concluions
vous	conclûtes	vous	concluiez
ils	conclurent	ils	concluent

PERFECT		PAST SUBJUNCTIVE	
j'	ai conclu	je	conclusse
tu	as conclu	tu	conclusses
il	a conclu	il	conclût
nous	avons conclu	nous	conclussions
vous	avez conclu	vous	conclussiez
ils	ont conclu	ils	conclussent

.... CONSTRUCTIONS ....

marché conclu! it's a deal!
j'en ai conclu qu'il était parti I concluded that he had gone
ils ont conclu à son innocence they concluded that he was innocent

.... SIMILAR VERBS ....

exclure to exclude

47

18 conduire to lead

PRESENT

je	conduis
tu	conduis
il	conduit
nous	conduisons
vous	conduisez
ils	conduisent

IMPERFECT

je	conduisais
tu	conduisais
il	conduisait
nous	conduisions
vous	conduisiez
ils	conduisaient

IMPERATIVE

conduis
conduisons
conduisez

FUTURE

je	conduirai
tu	conduiras
il	conduira
nous	conduirons
vous	conduirez
ils	conduiront

PRESENT PARTICIPLE

conduisant

PAST PARTICIPLE

conduit

CONDITIONAL

je	conduirais
tu	conduirais
il	conduirait
nous	conduirions
vous	conduiriez
ils	conduiraient

PAST HISTORIC		PRESENT SUBJUNCTIVE	
je	conduisis	je	conduise
tu	conduisis	tu	conduises
il	conduisit	il	conduise
nous	conduisîmes	nous	conduisions
vous	conduisîtes	vous	conduisiez
ils	conduisirent	ils	conduisent

PERFECT		PAST SUBJUNCTIVE	
j'	ai conduit	je	conduisisse
tu	as conduit	tu	conduisisses
il	a conduit	il	conduisît
nous	avons conduit	nous	conduisissions
vous	avez conduit	vous	conduisissiez
ils	ont conduit	ils	conduisissent

·········· CONSTRUCTIONS ··········

conduire qn quelque part to take sb somewhere; to drive sb somewhere

conduire qn à faire qch to lead sb to do sth

cet escalier conduit au toit these stairs lead (up) to the roof

se conduire to behave (oneself)

·········· SIMILAR VERBS ··········

éconduire to dismiss

19 connaître to know

<table>
<tr><td colspan="2">PRESENT</td><td colspan="2">IMPERFECT</td></tr>
<tr><td>je</td><td>connais</td><td>je</td><td>connaissais</td></tr>
<tr><td>tu</td><td>connais</td><td>tu</td><td>connaissais</td></tr>
<tr><td>il</td><td>connaît</td><td>il</td><td>connaissait</td></tr>
<tr><td>nous</td><td>connaissons</td><td>nous</td><td>connaissions</td></tr>
<tr><td>vous</td><td>connaissez</td><td>vous</td><td>connaissiez</td></tr>
<tr><td>ils</td><td>connaissent</td><td>ils</td><td>connaissaient</td></tr>
</table>

IMPERATIVE

connais
connaissons
connaissez

FUTURE

je	connaîtrai
tu	connaîtras
il	connaîtra
nous	connaîtrons
vous	connaîtrez
ils	connaîtront

PRESENT PARTICIPLE

connaissant

PAST PARTICIPLE

connu

CONDITIONAL

je	connaîtrais
tu	connaîtrais
il	connaîtrait
nous	connaîtrions
vous	connaîtriez
ils	connaîtraient

connaître to know

PAST HISTORIC	
je	connus
tu	connus
il	connut
nous	connûmes
vous	connûtes
ils	connurent

PRESENT SUBJUNCTIVE	
je	connaisse
tu	connaisses
il	connaisse
nous	connaissions
vous	connaissiez
ils	connaissent

PERFECT	
j'	ai connu
tu	as connu
il	a connu
nous	avons connu
vous	avez connu
ils	ont connu

PAST SUBJUNCTIVE	
je	connusse
tu	connusses
il	connût
nous	connussions
vous	connussiez
ils	connussent

CONSTRUCTIONS

connaître qn de vue/nom to know sb by sight/name
il connaît bien la littérature anglaise he's very familiar with English literature
faire connaître qn à qn to introduce sb to sb
se faire connaître to make a name for oneself; to introduce oneself

SIMILAR VERBS

méconnaître to be unaware of   **reconnaître** to recognize

20 · coudre to sew

PRESENT

je	couds
tu	couds
il	coud
nous	cousons
vous	cousez
ils	cousent

IMPERFECT

je	cousais
tu	cousais
il	cousait
nous	cousions
vous	cousiez
ils	cousaient

IMPERATIVE

couds
cousons
cousez

FUTURE

je	coudrai
tu	coudras
il	coudra
nous	coudrons
vous	coudrez
ils	coudront

PRESENT PARTICIPLE

cousant

PAST PARTICIPLE

cousu

CONDITIONAL

je	coudrais
tu	coudrais
il	coudrait
nous	coudrions
vous	coudriez
ils	coudraient

coudre to sew 20

PAST HISTORIC		PRESENT SUBJUNCTIVE	
je	cousis	je	couse
tu	cousis	tu	couses
il	cousit	il	couse
nous	cousîmes	nous	cousions
vous	cousîtes	vous	cousiez
ils	cousirent	ils	cousent

PERFECT		PAST SUBJUNCTIVE	
j'	ai cousu	je	cousisse
tu	as cousu	tu	cousisses
il	a cousu	il	cousît
nous	avons cousu	nous	cousissions
vous	avez cousu	vous	cousissiez
ils	ont cousu	ils	cousissent

.... CONSTRUCTIONS ....

coudre un bouton à une veste to sew a button on a jacket

21 courir to run

PRESENT

je	cours
tu	cours
il	court
nous	courons
vous	courez
ils	courent

IMPERFECT

je	courais
tu	courais
il	courait
nous	courions
vous	couriez
ils	couraient

IMPERATIVE

cours
courons
courez

FUTURE

je	courrai
tu	courras
il	courra
nous	courrons
vous	courrez
ils	courront

PRESENT PARTICIPLE

courant

PAST PARTICIPLE

couru

CONDITIONAL

je	courrais
tu	courrais
il	courrait
nous	courrions
vous	courriez
ils	courraient

PAST HISTORIC		PRESENT SUBJUNCTIVE	
je	courus	je	coure
tu	courus	tu	coures
il	courut	il	coure
nous	courûmes	nous	courions
vous	courûtes	vous	couriez
ils	coururent	ils	courent

PERFECT		PAST SUBJUNCTIVE	
j'	ai couru	je	courusse
tu	as couru	tu	courusses
il	a couru	il	courût
nous	avons couru	nous	courussions
vous	avez couru	vous	courussiez
ils	ont couru	ils	courussent

.... CONSTRUCTIONS ....

courir faire qch to rush and do sth
courir à toutes jambes to run as fast as one's legs can carry one
le bruit court que ... the rumour is going round that ...
courir le risque de to run the risk of

.... SIMILAR VERBS ....

accourir to rush **concourir** to compete
parcourir to go through **secourir** to rescue

22 couvrir to cover

PRESENT

je	couvre
tu	couvres
il	couvre
nous	couvrons
vous	couvrez
ils	couvrent

IMPERFECT

je	couvrais
tu	couvrais
il	couvrait
nous	couvrions
vous	couvriez
ils	couvraient

IMPERATIVE

couvre
couvrons
couvrez

FUTURE

je	couvrirai
tu	couvriras
il	couvrira
nous	couvrirons
vous	couvrirez
ils	couvriront

PRESENT PARTICIPLE

couvrant

PAST PARTICIPLE

couvert

CONDITIONAL

je	couvrirais
tu	couvrirais
il	couvrirait
nous	couvririons
vous	couvririez
ils	couvriraient

PAST HISTORIC		PRESENT SUBJUNCTIVE	
je	couvris	je	couvre
tu	couvris	tu	couvres
il	couvrit	il	couvre
nous	couvrîmes	nous	couvrions
vous	couvrîtes	vous	couvriez
ils	couvrirent	ils	couvrent

PERFECT		PAST SUBJUNCTIVE	
j'	ai couvert	je	couvrisse
tu	as couvert	tu	couvrisses
il	a couvert	il	couvrît
nous	avons couvert	nous	couvrissions
vous	avez couvert	vous	couvrissiez
ils	ont couvert	ils	couvrissent

.... CONSTRUCTIONS ....

la voiture nous a couverts de boue the car covered us in mud
couvrir qn de cadeaux to shower sb with gifts
elle s'est couvert le visage des mains she covered her face
with her hands
couvrez-vous bien! wrap up well!

.... SIMILAR VERBS ....

recouvrir to re-cover

23 craindre to fear

<table>
<tr><th colspan="2">PRESENT</th><th colspan="2">IMPERFECT</th></tr>
<tr><td>je</td><td>crains</td><td>je</td><td>craignais</td></tr>
<tr><td>tu</td><td>crains</td><td>tu</td><td>craignais</td></tr>
<tr><td>il</td><td>craint</td><td>il</td><td>craignait</td></tr>
<tr><td>nous</td><td>craignons</td><td>nous</td><td>craignions</td></tr>
<tr><td>vous</td><td>craignez</td><td>vous</td><td>craigniez</td></tr>
<tr><td>ils</td><td>craignent</td><td>ils</td><td>craignaient</td></tr>
</table>

<table>
<tr><th>IMPERATIVE</th><th colspan="2">FUTURE</th></tr>
<tr><td>crains</td><td>je</td><td>craindrai</td></tr>
<tr><td>craignons</td><td>tu</td><td>craindras</td></tr>
<tr><td>craignez</td><td>il</td><td>craindra</td></tr>
<tr><td></td><td>nous</td><td>craindrons</td></tr>
<tr><td></td><td>vous</td><td>craindrez</td></tr>
<tr><td></td><td>ils</td><td>craindront</td></tr>
</table>

PRESENT PARTICIPLE

craignant

PAST PARTICIPLE

craint

<table>
<tr><th colspan="2">CONDITIONAL</th></tr>
<tr><td>je</td><td>craindrais</td></tr>
<tr><td>tu</td><td>craindrais</td></tr>
<tr><td>il</td><td>craindrait</td></tr>
<tr><td>nous</td><td>craindrions</td></tr>
<tr><td>vous</td><td>craindriez</td></tr>
<tr><td>ils</td><td>craindraient</td></tr>
</table>

PAST HISTORIC		PRESENT SUBJUNCTIVE	
je	craignis	je	craigne
tu	craignis	tu	craignes
il	craignit	il	craigne
nous	craignîmes	nous	craignions
vous	craignîtes	vous	craigniez
ils	craignirent	ils	craignent

PERFECT		PAST SUBJUNCTIVE	
j'	ai craint	je	craignisse
tu	as craint	tu	craignisses
il	a craint	il	craignît
nous	avons craint	nous	craignissions
vous	avez craint	vous	craignissiez
ils	ont craint	ils	craignissent

.... CONSTRUCTIONS ....

ne craignez rien don't be afraid
craindre de faire qch to be afraid of doing sth
ces plantes craignent la chaleur these plants dislike heat

.... SIMILAR VERBS ....

contraindre to compel **plaindre** to pity

24 créer to create

PRESENT

je	crée
tu	crées
il	crée
nous	créons
vous	créez
ils	créent

IMPERFECT

je	créais
tu	créais
il	créait
nous	créions
vous	créiez
ils	créaient

IMPERATIVE

crée
créons
créez

FUTURE

je	créerai
tu	créeras
il	créera
nous	créerons
vous	créerez
ils	créeront

PRESENT PARTICIPLE

créant

PAST PARTICIPLE

créé

CONDITIONAL

je	créerais
tu	créerais
il	créerait
nous	créerions
vous	créeriez
ils	créeraient

PAST HISTORIC		PRESENT SUBJUNCTIVE	
je	créai	je	crée
tu	créas	tu	crées
il	créa	il	crée
nous	créâmes	nous	créions
vous	créâtes	vous	créiez
ils	créèrent	ils	créent

PERFECT		PAST SUBJUNCTIVE	
j'	ai créé	je	créasse
tu	as créé	tu	créasses
il	a créé	il	créât
nous	avons créé	nous	créassions
vous	avez créé	vous	créassiez
ils	ont créé	ils	créassent

.... CONSTRUCTIONS ....

il nous a créé des ennuis he's caused us problems
il s'est créé une clientèle he has built up custom

.... SIMILAR VERBS ....

agréer to accept   **maugréer** to grumble
procréer to procreate   **récréer** to recreate

61

25 crier to shout

PRESENT

je	crie
tu	cries
il	crie
nous	crions
vous	criez
ils	crient

IMPERFECT

je	criais
tu	criais
il	criait
nous	criions
vous	criiez
ils	criaient

IMPERATIVE

crie
crions
criez

FUTURE

je	crierai
tu	crieras
il	criera
nous	crierons
vous	crierez
ils	crieront

PRESENT PARTICIPLE

criant

PAST PARTICIPLE

crié

CONDITIONAL

je	crierais
tu	crierais
il	crierait
nous	crierions
vous	crieriez
ils	crieraient

crier to shout

PAST HISTORIC		PRESENT SUBJUNCTIVE	
je	criai	je	crie
tu	crias	tu	cries
il	cria	il	crie
nous	criâmes	nous	criions
vous	criâtes	vous	criiez
ils	crièrent	ils	crient

PERFECT		PAST SUBJUNCTIVE	
j'	ai crié	je	criasse
tu	as crié	tu	criasses
il	a crié	il	criât
nous	avons crié	nous	criassions
vous	avez crié	vous	criassiez
ils	ont crié	ils	criassent

········· CONSTRUCTIONS ·····································

crier à tue-tête to shout one's head off
crier contre or **après qn** to nag (at) sb
crier à qn de faire qch to shout at sb to do sth
crier qch sur les toits to proclaim sth from the rooftops
crier au secours to shout for help

········· SIMILAR VERBS ·····································

amplifier to amplify   **associer** to associate   **copier** to copy
étudier to study   **marier** to marry

63

croire to believe

PRESENT		IMPERFECT	
je	crois	je	croyais
tu	crois	tu	croyais
il	croit	il	croyait
nous	croyons	nous	croyions
vous	croyez	vous	croyiez
ils	croient	ils	croyaient

IMPERATIVE	FUTURE	
crois	je	croirai
croyons	tu	croiras
croyez	il	croira
	nous	croirons
	vous	croirez
	ils	croiront

PRESENT PARTICIPLE	CONDITIONAL	
croyant	je	croirais
	tu	croirais
	il	croirait
PAST PARTICIPLE	nous	croirions
	vous	croiriez
cru	ils	croiraient

croire to believe 26

PAST HISTORIC		PRESENT SUBJUNCTIVE	
je	crus	je	croie
tu	crus	tu	croies
il	crut	il	croie
nous	crûmes	nous	croyions
vous	crûtes	vous	croyiez
ils	crurent	ils	croient

PERFECT		PAST SUBJUNCTIVE	
j'	ai cru	je	crusse
tu	as cru	tu	crusses
il	a cru	il	crût
nous	avons cru	nous	crussions
vous	avez cru	vous	crussiez
ils	ont cru	ils	crussent

.... CONSTRUCTIONS ....

croire aux fantômes/en Dieu to believe in ghosts/God
on l'a cru mort he was presumed (to be) dead
elle croyait avoir perdu son sac she thought she had lost her bag
je crois que oui I think so, I think we will *etc*

27 croître to grow

PRESENT		IMPERFECT	
je	croîs	je	croissais
tu	croîs	tu	croissais
il	croît	il	croissait
nous	croissons	nous	croissions
vous	croissez	vous	croissiez
ils	croissent	ils	croissaient

IMPERATIVE		FUTURE	
croîs		je	croîtrai
croissons		tu	croîtras
croissez		il	croîtra
		nous	croîtrons
		vous	croîtrez
		ils	croîtront

PRESENT PARTICIPLE		CONDITIONAL	
croissant		je	croîtrais
		tu	croîtrais
PAST PARTICIPLE		il	croîtrait
crû (*NB*: crue, crus, crues)		nous	croîtrions
		vous	croîtriez
		ils	croîtraient

PAST HISTORIC	
je	crûs
tu	crûs
il	crût
nous	crûmes
vous	crûtes
ils	crûrent

PRESENT SUBJUNCTIVE	
je	croisse
tu	croisses
il	croisse
nous	croissions
vous	croissiez
ils	croissent

PERFECT	
j'	ai crû
tu	as crû
il	a crû
nous	avons crû
vous	avez crû
ils	ont crû

PAST SUBJUNCTIVE	
je	crûsse
tu	crûsses
il	crût
nous	crûssions
vous	crûssiez
ils	crûssent

.... CONSTRUCTIONS ....

croître en beauté/nombre to grow in beauty/number
les jours croissent the days are getting longer

cueillir to pick

PRESENT	
je	cueille
tu	cueilles
il	cueille
nous	cueillons
vous	cueillez
ils	cueillent

IMPERFECT	
je	cueillais
tu	cueillais
il	cueillait
nous	cueillions
vous	cueilliez
ils	cueillaient

IMPERATIVE
cueille
cueillons
cueillez

FUTURE	
je	cueillerai
tu	cueilleras
il	cueillera
nous	cueillerons
vous	cueillerez
ils	cueilleront

PRESENT PARTICIPLE
cueillant

PAST PARTICIPLE
cueilli

CONDITIONAL	
je	cueillerais
tu	cueillerais
il	cueillerait
nous	cueillerions
vous	cueilleriez
ils	cueilleraient

cueillir to pick

PAST HISTORIC	
je	cueillis
tu	cueillis
il	cueillit
nous	cueillîmes
vous	cueillîtes
ils	cueillirent

PRESENT SUBJUNCTIVE	
je	cueille
tu	cueilles
il	cueille
nous	cueillions
vous	cueilliez
ils	cueillent

PERFECT	
j'	ai cueilli
tu	as cueilli
il	a cueilli
nous	avons cueilli
vous	avez cueilli
ils	ont cueilli

PAST SUBJUNCTIVE	
je	cueillisse
tu	cueillisses
il	cueillît
nous	cueillissions
vous	cueillissiez
ils	cueillissent

.... CONSTRUCTIONS ....

cueillir qn à froid to catch sb off guard

.... SIMILAR VERBS ....

accueillir to welcome **recueillir** to collect

PRESENT

je	cuis
tu	cuis
il	cuit
nous	cuisons
vous	cuisez
ils	cuisent

IMPERFECT

je	cuisais
tu	cuisais
il	cuisait
nous	cuisions
vous	cuisiez
ils	cuisaient

IMPERATIVE

cuis
cuisons
cuisez

FUTURE

je	cuirai
tu	cuiras
il	cuira
nous	cuirons
vous	cuirez
ils	cuiront

PRESENT PARTICIPLE

cuisant

PAST PARTICIPLE

cuit

CONDITIONAL

je	cuirais
tu	cuirais
il	cuirait
nous	cuirions
vous	cuiriez
ils	cuiraient

cuire to cook (29)

PAST HISTORIC	
je	cuisis
tu	cuisis
il	cuisit
nous	cuisîmes
vous	cuisîtes
ils	cuisirent

PRESENT SUBJUNCTIVE	
je	cuise
tu	cuises
il	cuise
nous	cuisions
vous	cuisiez
ils	cuisent

PERFECT	
j'	ai cuit
tu	as cuit
il	a cuit
nous	avons cuit
vous	avez cuit
ils	ont cuit

PAST SUBJUNCTIVE	
je	cuisisse
tu	cuisisses
il	cuisît
nous	cuisissions
vous	cuisissiez
ils	cuisissent

.... CONSTRUCTIONS ....

cuire au gaz/à l'électricité to cook with gas/by electricity
cuire au four to bake; to roast
cuire à la vapeur to steam
cuire à feu doux to cook gently
bien cuit well done

.... SIMILAR VERBS ....

construire to build   **instruire** to teach   **produire** to produce
réduire to reduce   **séduire** to charm

30 *découvrir* to discover

<table>
<tr><td colspan="2">PRESENT</td><td colspan="2">IMPERFECT</td></tr>
<tr><td>je</td><td>découvre</td><td>je</td><td>découvrais</td></tr>
<tr><td>tu</td><td>découvres</td><td>tu</td><td>découvrais</td></tr>
<tr><td>il</td><td>découvre</td><td>il</td><td>découvrait</td></tr>
<tr><td>nous</td><td>découvrons</td><td>nous</td><td>découvrions</td></tr>
<tr><td>vous</td><td>découvrez</td><td>vous</td><td>découvriez</td></tr>
<tr><td>ils</td><td>découvrent</td><td>ils</td><td>découvraient</td></tr>
</table>

IMPERATIVE

découvre
découvrons
découvrez

FUTURE

je	découvrirai
tu	découvriras
il	découvrira
nous	découvrirons
vous	découvrirez
ils	découvriront

PRESENT PARTICIPLE

découvrant

PAST PARTICIPLE

découvert

CONDITIONAL

je	découvrirais
tu	découvrirais
il	découvrirait
nous	découvririons
vous	découvririez
ils	découvriraient

découvrir to discover (30)

PAST HISTORIC		PRESENT SUBJUNCTIVE

	PAST HISTORIC			PRESENT SUBJUNCTIVE
je	découvris		je	découvre
tu	découvris		tu	découvres
il	découvrit		il	découvre
nous	découvrîmes		nous	découvrions
vous	découvrîtes		vous	découvriez
ils	découvrirent		ils	découvrent

	PERFECT			PAST SUBJUNCTIVE
j'	ai découvert		je	découvrisse
tu	as découvert		tu	découvrisses
il	a découvert		il	découvrît
nous	avons découvert		nous	découvrissions
vous	avez découvert		vous	découvrissiez
ils	ont découvert		ils	découvrissent

.... CONSTRUCTIONS ....

il craint d'être découvert he's afraid of being found out
une robe qui découvre les épaules a dress which reveals the
shoulders
se découvrir to take off one's hat; to undress

PRESENT	
je	descends
tu	descends
il	descend
nous	descendons
vous	descendez
ils	descendent

IMPERFECT	
je	descendais
tu	descendais
il	descendait
nous	descendions
vous	descendiez
ils	descendaient

IMPERATIVE
descends
descendons
descendez

FUTURE	
je	descendrai
tu	descendras
il	descendra
nous	descendrons
vous	descendrez
ils	descendront

PRESENT PARTICIPLE
descendant

PAST PARTICIPLE
descendu

CONDITIONAL	
je	descendrais
tu	descendrais
il	descendrait
nous	descendrions
vous	descendriez
ils	descendraient

descendre to go down

PAST HISTORIC	
je	descendis
tu	descendis
il	descendit
nous	descendîmes
vous	descendîtes
ils	descendirent

PRESENT SUBJUNCTIVE	
je	descende
tu	descendes
il	descende
nous	descendions
vous	descendiez
ils	descendent

PERFECT	
je	suis descendu
tu	es descendu
il	est descendu
nous	sommes descendus
vous	êtes descendu(s)
ils	sont descendus

PAST SUBJUNCTIVE	
je	descendisse
tu	descendisses
il	descendît
nous	descendissions
vous	descendissiez
ils	descendissent

.... CONSTRUCTIONS ....

descendre de voiture/du train/de bicyclette to get out of the car/off the train/off one's bicycle
sa jupe lui descend jusqu'aux chevilles her skirt comes down to her ankles
il a descendu la valise he took the case down

détruire to destroy

PRESENT		IMPERFECT	
je	détruis	je	détruisais
tu	détruis	tu	détruisais
il	détruit	il	détruisait
nous	détruisons	nous	détruisions
vous	détruisez	vous	détruisiez
ils	détruisent	ils	détruisaient

IMPERATIVE	FUTURE	
détruis	je	détruirai
détruisons	tu	détruiras
détruisez	il	détruira
	nous	détruirons
	vous	détruirez
	ils	détruiront

PRESENT PARTICIPLE	CONDITIONAL	
détruisant	je	détruirais
	tu	détruirais
PAST PARTICIPLE	il	détruirait
détruit	nous	détruirions
	vous	détruiriez
	ils	détruiraient

détruire to destroy

PAST HISTORIC	
je	détruisis
tu	détruisis
il	détruisit
nous	détruisîmes
vous	détruisîtes
ils	détruisirent

PRESENT SUBJUNCTIVE	
je	détruise
tu	détruises
il	détruise
nous	détruisions
vous	détruisiez
ils	détruisent

PERFECT	
j'	ai détruit
tu	as détruit
il	a détruit
nous	avons détruit
vous	avez détruit
ils	ont détruit

PAST SUBJUNCTIVE	
je	détruisisse
tu	détruisisses
il	détruisît
nous	détruisissions
vous	détruisissiez
ils	détruisissent

CONSTRUCTIONS

détruire par le feu to destroy by fire

33   *devenir* to become

<table>
<tr><td colspan="2">PRESENT</td><td colspan="2">IMPERFECT</td></tr>
<tr><td>je</td><td>deviens</td><td>je</td><td>devenais</td></tr>
<tr><td>tu</td><td>deviens</td><td>tu</td><td>devenais</td></tr>
<tr><td>il</td><td>devient</td><td>il</td><td>devenait</td></tr>
<tr><td>nous</td><td>devenons</td><td>nous</td><td>devenions</td></tr>
<tr><td>vous</td><td>devenez</td><td>vous</td><td>deveniez</td></tr>
<tr><td>ils</td><td>deviennent</td><td>ils</td><td>devenaient</td></tr>
</table>

<table>
<tr><td colspan="2">IMPERATIVE</td><td colspan="2">FUTURE</td></tr>
<tr><td></td><td>deviens</td><td>je</td><td>deviendrai</td></tr>
<tr><td></td><td>devenons</td><td>tu</td><td>deviendras</td></tr>
<tr><td></td><td>devenez</td><td>il</td><td>deviendra</td></tr>
<tr><td></td><td></td><td>nous</td><td>deviendrons</td></tr>
<tr><td></td><td></td><td>vous</td><td>deviendrez</td></tr>
<tr><td></td><td></td><td>ils</td><td>deviendront</td></tr>
</table>

<table>
<tr><td colspan="2">PRESENT PARTICIPLE</td><td colspan="2">CONDITIONAL</td></tr>
<tr><td></td><td>devenant</td><td>je</td><td>deviendrais</td></tr>
<tr><td></td><td></td><td>tu</td><td>deviendrais</td></tr>
<tr><td colspan="2">PAST PARTICIPLE</td><td>il</td><td>deviendrait</td></tr>
<tr><td></td><td>devenu</td><td>nous</td><td>deviendrions</td></tr>
<tr><td></td><td></td><td>vous</td><td>deviendriez</td></tr>
<tr><td></td><td></td><td>ils</td><td>deviendraient</td></tr>
</table>

PAST HISTORIC		PRESENT SUBJUNCTIVE	
je	devins	je	devienne
tu	devins	tu	deviennes
il	devint	il	devienne
nous	devînmes	nous	devenions
vous	devîntes	vous	deveniez
ils	devinrent	ils	deviennent

PERFECT		PAST SUBJUNCTIVE	
je	suis devenu	je	devinsse
tu	es devenu	tu	devinsses
il	est devenu	il	devînt
nous	sommes devenus	nous	devinssions
vous	êtes devenu(s)	vous	devinssiez
ils	sont devenus	ils	devinssent

.... *CONSTRUCTIONS* ....

devenir médecin/professeur to become a doctor/a teacher
devenir vieux/grand to get old/tall
qu'est-il devenu? what has become of him?
il devient de plus en plus agressif he's growing increasingly
aggressive

devoir to have to; to owe

PRESENT	
je	dois
tu	dois
il	doit
nous	devons
vous	devez
ils	doivent

IMPERFECT	
je	devais
tu	devais
il	devait
nous	devions
vous	deviez
ils	devaient

IMPERATIVE
dois
devons
devez

FUTURE	
je	devrai
tu	devras
il	devra
nous	devrons
vous	devrez
ils	devront

PRESENT PARTICIPLE
devant

PAST PARTICIPLE
dû (*NB*: due, dus, dues)

CONDITIONAL	
je	devrais
tu	devrais
il	devrait
nous	devrions
vous	devriez
ils	devraient

PAST HISTORIC		PRESENT SUBJUNCTIVE	
je	dus	je	doive
tu	dus	tu	doives
il	dut	il	doive
nous	dûmes	nous	devions
vous	dûtes	vous	deviez
ils	dûrent	ils	doivent

PERFECT		PAST SUBJUNCTIVE	
j'	ai dû	je	dusse
tu	as dû	tu	dusses
il	a dû	il	dût
nous	avons dû	nous	dussions
vous	avez dû	vous	dussiez
ils	ont dû	ils	dussent

.... CONSTRUCTIONS ....

devoir qch à qn to owe sb sth
devoir faire qch to have to do sth
il doit arriver ce soir he is due (to arrive) tonight
il a dû s'égarer he must have got lost
ceci est dû à ... this is due to ...

81

35   *dire* to say

<table>
<tr><td colspan="2">PRESENT</td><td colspan="2">IMPERFECT</td></tr>
<tr><td>je</td><td>dis</td><td>je</td><td>disais</td></tr>
<tr><td>tu</td><td>dis</td><td>tu</td><td>disais</td></tr>
<tr><td>il</td><td>dit</td><td>il</td><td>disait</td></tr>
<tr><td>nous</td><td>disons</td><td>nous</td><td>disions</td></tr>
<tr><td>vous</td><td>dites</td><td>vous</td><td>disiez</td></tr>
<tr><td>ils</td><td>disent</td><td>ils</td><td>disaient</td></tr>
</table>

<table>
<tr><td colspan="2">IMPERATIVE</td><td colspan="2">FUTURE</td></tr>
<tr><td></td><td>dis</td><td>je</td><td>dirai</td></tr>
<tr><td></td><td>disons</td><td>tu</td><td>diras</td></tr>
<tr><td></td><td>dites</td><td>il</td><td>dira</td></tr>
<tr><td></td><td></td><td>nous</td><td>dirons</td></tr>
<tr><td></td><td></td><td>vous</td><td>direz</td></tr>
<tr><td></td><td></td><td>ils</td><td>diront</td></tr>
</table>

<table>
<tr><td>PRESENT PARTICIPLE</td><td colspan="2">CONDITIONAL</td></tr>
<tr><td>disant</td><td>je</td><td>dirais</td></tr>
<tr><td></td><td>tu</td><td>dirais</td></tr>
<tr><td>PAST PARTICIPLE</td><td>il</td><td>dirait</td></tr>
<tr><td>dit</td><td>nous</td><td>dirions</td></tr>
<tr><td></td><td>vous</td><td>diriez</td></tr>
<tr><td></td><td>ils</td><td>diraient</td></tr>
</table>

PAST HISTORIC		PRESENT SUBJUNCTIVE	
je	dis	je	dise
tu	dis	tu	dises
il	dit	il	dise
nous	dîmes	nous	disions
vous	dîtes	vous	disiez
ils	dirent	ils	disent

PERFECT		PAST SUBJUNCTIVE	
j'	ai dit	je	disse
tu	as dit	tu	disses
il	a dit	il	dît
nous	avons dit	nous	dissions
vous	avez dit	vous	dissiez
ils	ont dit	ils	dissent

.... CONSTRUCTIONS ....

dire qch à qn to tell sb sth
dire à qn de faire qch to tell sb to do sth
cela ne me dit rien I don't fancy it
on dirait du poulet it tastes like chicken
on dirait Jean it looks like John

36 donner to give

PRESENT		IMPERFECT	
je	donne	je	donnais
tu	donnes	tu	donnais
il	donne	il	donnait
nous	donnons	nous	donnions
vous	donnez	vous	donniez
ils	donnent	ils	donnaient

IMPERATIVE		FUTURE	
	donne	je	donnerai
	donnons	tu	donneras
	donnez	il	donnera
		nous	donnerons
		vous	donnerez
		ils	donneront

PRESENT PARTICIPLE		CONDITIONAL	
	donnant	je	donnerais
		tu	donnerais
PAST PARTICIPLE		il	donnerait
	donné	nous	donnerions
		vous	donneriez
		ils	donneraient

donner to give (36)

<table>
<tr><td>

PAST HISTORIC

je	donnai
tu	donnas
il	donna
nous	donnâmes
vous	donnâtes
ils	donnèrent

</td><td>

PRESENT SUBJUNCTIVE

je	donne
tu	donnes
il	donne
nous	donnions
vous	donniez
ils	donnent

</td></tr>
<tr><td>

PERFECT

j'	ai donné
tu	as donné
il	a donné
nous	avons donné
vous	avez donné
ils	ont donné

</td><td>

PAST SUBJUNCTIVE

je	donnasse
tu	donnasses
il	donnât
nous	donnassions
vous	donnassiez
ils	donnassent

</td></tr>
</table>

CONSTRUCTIONS

donner qch à qn to give sb sth
donner quelque chose à faire à qn to give sb something to do
donner à boire à qn to give sb something to drink
cela me donne soif this makes me (feel) thirsty
donner sur to open onto; to overlook

SIMILAR VERBS

accepter to accept	**causer** to cause	**laver** to wash
poser to put	**rêver** to dream	

37 | dormir to sleep

<table>
<tr><td colspan="2">PRESENT</td></tr>
<tr><td>je</td><td>dors</td></tr>
<tr><td>tu</td><td>dors</td></tr>
<tr><td>il</td><td>dort</td></tr>
<tr><td>nous</td><td>dormons</td></tr>
<tr><td>vous</td><td>dormez</td></tr>
<tr><td>ils</td><td>dorment</td></tr>
</table>

<table>
<tr><td colspan="2">IMPERFECT</td></tr>
<tr><td>je</td><td>dormais</td></tr>
<tr><td>tu</td><td>dormais</td></tr>
<tr><td>il</td><td>dormait</td></tr>
<tr><td>nous</td><td>dormions</td></tr>
<tr><td>vous</td><td>dormiez</td></tr>
<tr><td>ils</td><td>dormaient</td></tr>
</table>

IMPERATIVE

dors
dormons
dormez

<table>
<tr><td colspan="2">FUTURE</td></tr>
<tr><td>je</td><td>dormirai</td></tr>
<tr><td>tu</td><td>dormiras</td></tr>
<tr><td>il</td><td>dormira</td></tr>
<tr><td>nous</td><td>dormirons</td></tr>
<tr><td>vous</td><td>dormirez</td></tr>
<tr><td>ils</td><td>dormiront</td></tr>
</table>

PRESENT PARTICIPLE

dormant

PAST PARTICIPLE

dormi

<table>
<tr><td colspan="2">CONDITIONAL</td></tr>
<tr><td>je</td><td>dormirais</td></tr>
<tr><td>tu</td><td>dormirais</td></tr>
<tr><td>il</td><td>dormirait</td></tr>
<tr><td>nous</td><td>dormirions</td></tr>
<tr><td>vous</td><td>dormiriez</td></tr>
<tr><td>ils</td><td>dormiraient</td></tr>
</table>

PAST HISTORIC		PRESENT SUBJUNCTIVE	
je	dormis	je	dorme
tu	dormis	tu	dormes
il	dormit	il	dorme
nous	dormîmes	nous	dormions
vous	dormîtes	vous	dormiez
ils	dormirent	ils	dorment

PERFECT		PAST SUBJUNCTIVE	
j'	ai dormi	je	dormisse
tu	as dormi	tu	dormisses
il	a dormi	il	dormît
nous	avons dormi	nous	dormissions
vous	avez dormi	vous	dormissiez
ils	ont dormi	ils	dormissent

·········· CONSTRUCTIONS ··········

il dort he's asleep
j'ai mal dormi I didn't sleep well
il dort d'un sommeil léger he's a light sleeper
je n'ai pas dormi de la nuit I didn't sleep a wink (all night)

·········· SIMILAR VERBS ··········

s'endormir to fall asleep

38 _écrire_ to write

<table>
<tr><td colspan="2">PRESENT</td></tr>
<tr><td>j'</td><td>écris</td></tr>
<tr><td>tu</td><td>écris</td></tr>
<tr><td>il</td><td>écrit</td></tr>
<tr><td>nous</td><td>écrivons</td></tr>
<tr><td>vous</td><td>écrivez</td></tr>
<tr><td>ils</td><td>écrivent</td></tr>
</table>

<table>
<tr><td colspan="2">IMPERFECT</td></tr>
<tr><td>j'</td><td>écrivais</td></tr>
<tr><td>tu</td><td>écrivais</td></tr>
<tr><td>il</td><td>écrivait</td></tr>
<tr><td>nous</td><td>écrivions</td></tr>
<tr><td>vous</td><td>écriviez</td></tr>
<tr><td>ils</td><td>écrivaient</td></tr>
</table>

IMPERATIVE

écris
écrivons
écrivez

FUTURE

j'	écrirai
tu	écriras
il	écrira
nous	écrirons
vous	écrirez
ils	écriront

PRESENT PARTICIPLE

écrivant

PAST PARTICIPLE

écrit

CONDITIONAL

j'	écrirais
tu	écrirais
il	écrirait
nous	écririons
vous	écririez
ils	écriraient

écrire to write (38)

<table>
<tr><td colspan="2">PAST HISTORIC</td><td colspan="2">PRESENT SUBJUNCTIVE</td></tr>
<tr><td>j'</td><td>écrivis</td><td>j'</td><td>écrive</td></tr>
<tr><td>tu</td><td>écrivis</td><td>tu</td><td>écrives</td></tr>
<tr><td>il</td><td>écrivit</td><td>il</td><td>écrive</td></tr>
<tr><td>nous</td><td>écrivîmes</td><td>nous</td><td>écrivions</td></tr>
<tr><td>vous</td><td>écrivîtes</td><td>vous</td><td>écriviez</td></tr>
<tr><td>ils</td><td>écrivirent</td><td>ils</td><td>écrivent</td></tr>
</table>

<table>
<tr><td colspan="2">PERFECT</td><td colspan="2">PAST SUBJUNCTIVE</td></tr>
<tr><td>j'</td><td>ai écrit</td><td>j'</td><td>écrivisse</td></tr>
<tr><td>tu</td><td>as écrit</td><td>tu</td><td>écrivisses</td></tr>
<tr><td>il</td><td>a écrit</td><td>il</td><td>écrivît</td></tr>
<tr><td>nous</td><td>avons écrit</td><td>nous</td><td>écrivissions</td></tr>
<tr><td>vous</td><td>avez écrit</td><td>vous</td><td>écrivissiez</td></tr>
<tr><td>ils</td><td>ont écrit</td><td>ils</td><td>écrivissent</td></tr>
</table>

.... CONSTRUCTIONS ....

écrit à la main/à la machine handwritten/typed
appeler s'écrit avec deux p appeler is spelt with two ps

.... SIMILAR VERBS ....

décrire to describe **inscrire** to write **souscrire** to subscribe
transcrire to transcribe

entrer to enter

<table>
<tr><td colspan="2">PRESENT</td><td colspan="2">IMPERFECT</td></tr>
<tr><td>j'</td><td>entre</td><td>j'</td><td>entrais</td></tr>
<tr><td>tu</td><td>entres</td><td>tu</td><td>entrais</td></tr>
<tr><td>il</td><td>entre</td><td>il</td><td>entrait</td></tr>
<tr><td>nous</td><td>entrons</td><td>nous</td><td>entrions</td></tr>
<tr><td>vous</td><td>entrez</td><td>vous</td><td>entriez</td></tr>
<tr><td>ils</td><td>entrent</td><td>ils</td><td>entraient</td></tr>
</table>

IMPERATIVE

entre
entrons
entrez

FUTURE

j'	entrerai
tu	entreras
il	entrera
nous	entrerons
vous	entrerez
ils	entreront

PRESENT PARTICIPLE

entrant

PAST PARTICIPLE

entré

CONDITIONAL

j'	entrerais
tu	entrerais
il	entrerait
nous	entrerions
vous	entreriez
ils	entreraient

entrer to enter (39)

PAST HISTORIC	
j'	entrai
tu	entras
il	entra
nous	entrâmes
vous	entrâtes
ils	entrèrent

PRESENT SUBJUNCTIVE	
j'	entre
tu	entres
il	entre
nous	entrions
vous	entriez
ils	entrent

PERFECT	
je	suis entré
tu	es entré
il	est entré
nous	sommes entrés
vous	êtes entré(s)
ils	sont entrés

PAST SUBJUNCTIVE	
j'	entrasse
tu	entrasses
il	entrât
nous	entrassions
vous	entrassiez
ils	entrassent

.... CONSTRUCTIONS ....

entrer dans une pièce/une voiture to go (or come) into a room/get into a car
faire entrer qn to show or ask sb in
entrer dans un club/une firme to join a club/firm
ça n'entre pas dans ce tiroir it won't go into this drawer

40 envoyer to send

<table>
<tr><td colspan="2">PRESENT</td><td colspan="2">IMPERFECT</td></tr>
<tr><td>j'</td><td>envoie</td><td>j'</td><td>envoyais</td></tr>
<tr><td>tu</td><td>envoies</td><td>tu</td><td>envoyais</td></tr>
<tr><td>il</td><td>envoie</td><td>il</td><td>envoyait</td></tr>
<tr><td>nous</td><td>envoyons</td><td>nous</td><td>envoyions</td></tr>
<tr><td>vous</td><td>envoyez</td><td>vous</td><td>envoyiez</td></tr>
<tr><td>ils</td><td>envoient</td><td>ils</td><td>envoyaient</td></tr>
</table>

IMPERATIVE

envoie
envoyons
envoyez

FUTURE

j'	enverrai
tu	enverras
il	enverra
nous	enverrons
vous	enverrez
ils	enverront

PRESENT PARTICIPLE

envoyant

PAST PARTICIPLE

envoyé

CONDITIONAL

j'	enverrais
tu	enverrais
il	enverrait
nous	enverrions
vous	enverriez
ils	enverraient

PAST HISTORIC		PRESENT SUBJUNCTIVE	
j'	envoyai	j'	envoie
tu	envoyas	tu	envoies
il	envoya	il	envoie
nous	envoyâmes	nous	envoyions
vous	envoyâtes	vous	envoyiez
ils	envoyèrent	ils	envoient

PERFECT		PAST SUBJUNCTIVE	
j'	ai envoyé	j'	envoyasse
tu	as envoyé	tu	envoyasses
il	a envoyé	il	envoyât
nous	avons envoyé	nous	envoyassions
vous	avez envoyé	vous	envoyassiez
ils	ont envoyé	ils	envoyassent

······· CONSTRUCTIONS ·······

envoyer chercher qn/qch to send for sb/sth

······· SIMILAR VERBS ·······

renvoyer to send back

espérer to hope

<table>
<tr><td colspan="2">PRESENT</td><td colspan="2">IMPERFECT</td></tr>
<tr><td>j'</td><td>espère</td><td>j'</td><td>espérais</td></tr>
<tr><td>tu</td><td>espères</td><td>tu</td><td>espérais</td></tr>
<tr><td>il</td><td>espère</td><td>il</td><td>espérait</td></tr>
<tr><td>nous</td><td>espérons</td><td>nous</td><td>espérions</td></tr>
<tr><td>vous</td><td>espérez</td><td>vous</td><td>espériez</td></tr>
<tr><td>ils</td><td>espèrent</td><td>ils</td><td>espéraient</td></tr>
</table>

IMPERATIVE

espère
espérons
espérez

FUTURE

j'	espérerai
tu	espéreras
il	espérera
nous	espérerons
vous	espérerez
ils	espéreront

PRESENT PARTICIPLE

espérant

CONDITIONAL

j'	espérerais
tu	espérerais
il	espérerait
nous	espérerions
vous	espéreriez
ils	espéreraient

PAST PARTICIPLE

espéré

PAST HISTORIC		PRESENT SUBJUNCTIVE	
j'	espérai	j'	espère
tu	espéras	tu	espères
il	espéra	il	espère
nous	espérâmes	nous	espérions
vous	espérâtes	vous	espériez
ils	espérèrent	ils	espèrent

PERFECT		PAST SUBJUNCTIVE	
j'	ai espéré	j'	espérasse
tu	as espéré	tu	espérasses
il	a espéré	il	espérât
nous	avons espéré	nous	espérassions
vous	avez espéré	vous	espérassiez
ils	ont espéré	ils	espérassent

············· CONSTRUCTIONS ·············

espérer faire qch to hope to do sth
viendra-t-il? – je l'espère (bien) will he come? – I (certainly) hope so
j'espère bien n'avoir rien oublié I hope I haven't forgotten anything

············· SIMILAR VERBS ·············

accélérer to accelerate **céder** to give up **compléter** to complete
régler to settle **sécher** to dry

être to be

PRESENT		IMPERFECT	
je	suis	j'	étais
tu	es	tu	étais
il	est	il	était
nous	sommes	nous	étions
vous	êtes	vous	étiez
ils	sont	ils	étaient

IMPERATIVE

sois
soyons
soyez

FUTURE	
je	serai
tu	seras
il	sera
nous	serons
vous	serez
ils	seront

PRESENT PARTICIPLE

étant

PAST PARTICIPLE

été

CONDITIONAL	
je	serais
tu	serais
il	serait
nous	serions
vous	seriez
ils	seraient

PAST HISTORIC		PRESENT SUBJUNCTIVE	
je	fus	je	sois
tu	fus	tu	sois
il	fut	il	soit
nous	fûmes	nous	soyons
vous	fûtes	vous	soyez
ils	furent	ils	soient

PERFECT		PAST SUBJUNCTIVE	
j'	ai été	je	fusse
tu	as été	tu	fusses
il	a été	il	fût
nous	avons été	nous	fussions
vous	avez été	vous	fussiez
ils	ont été	ils	fussent

·········· CONSTRUCTIONS ···

il est peintre he's a painter
quel jour sommes-nous? – sommes le 12 mars what's today's
date? – it's March 12th
à qui est ce cahier? – il est à elle whose jotter is this? – it's hers

97

43 faire to do; to make

....

PRESENT		
je	fais	
tu	fais	
il	fait	
nous	faisons	
vous	faites	
ils	font	

IMPERFECT		
je	faisais	
tu	faisais	
il	faisait	
nous	faisions	
vous	faisiez	
ils	faisaient	

IMPERATIVE
fais
faisons
faites

FUTURE		
je	ferai	
tu	feras	
il	fera	
nous	ferons	
vous	ferez	
ils	feront	

PRESENT PARTICIPLE
faisant

PAST PARTICIPLE
fait

CONDITIONAL		
je	ferais	
tu	ferais	
il	ferait	
nous	ferions	
vous	feriez	
ils	feraient	

faire to do; to make (43)

PAST HISTORIC		PRESENT SUBJUNCTIVE
je	fis	je fasse
tu	fis	tu fasses
il	fit	il fasse
nous	fîmes	nous fassions
vous	fîtes	vous fassiez
ils	firent	ils fassent

PERFECT		PAST SUBJUNCTIVE
j'	ai fait	je fisse
tu	as fait	tu fisses
il	a fait	il fît
nous	avons fait	nous fissions
vous	avez fait	vous fissiez
ils	ont fait	ils fissent

.... CONSTRUCTIONS ....

faire la vaisselle/la cuisine to do the dishes/the cooking
faire une promenade/des courses to go for a walk/go shopping
il fait beau/du vent it's nice/windy
faire faire qch to have sth done *or* made

.... SIMILAR VERBS ....

contrefaire to forge   **défaire** to undo   **refaire** to redo
satisfaire to satisfy

44 falloir to be necessary

PRESENT
il faut

IMPERFECT
il fallait

IMPERATIVE
not used

FUTURE
il faudra

PRESENT PARTICIPLE
not used

CONDITIONAL
il faudrait

PAST PARTICIPLE
fallu

falloir to be necessary (44)

PAST HISTORIC	PRESENT SUBJUNCTIVE
il **fallut**	il **faille**

PERFECT	PAST SUBJUNCTIVE
il **a fallu**	il **fallût**

·············· CONSTRUCTIONS ···

il lui faut quelqu'un pour l'aider he needs somebody to help him
il faut qu'il parte he'll have to *or* has to go
il faut être prudent you have to be careful

45 finir to finish

PRESENT	
je	finis
tu	finis
il	finit
nous	finissons
vous	finissez
ils	finissent

IMPERFECT	
je	finissais
tu	finissais
il	finissait
nous	finissions
vous	finissiez
ils	finissaient

IMPERATIVE
finis
finissons
finissez

FUTURE	
je	finirai
tu	finiras
il	finira
nous	finirons
vous	finirez
ils	finiront

PRESENT PARTICIPLE
finissant

PAST PARTICIPLE
fini

CONDITIONAL	
je	finirais
tu	finirais
il	finirait
nous	finirions
vous	finiriez
ils	finiraient

finir to finish

PAST HISTORIC		PRESENT SUBJUNCTIVE	
je	finis	je	finisse
tu	finis	tu	finisses
il	finit	il	finisse
nous	finîmes	nous	finissions
vous	finîtes	vous	finissiez
ils	finirent	ils	finissent

PERFECT		PAST SUBJUNCTIVE	
j'	ai fini	je	finisse
tu	as fini	tu	finisses
il	a fini	il	finît
nous	avons fini	nous	finissions
vous	avez fini	vous	finissiez
ils	ont fini	ils	finissent

CONSTRUCTIONS

finir de faire qch to finish doing sth
il a fini par comprendre he finally understood
tout finira par s'arranger everything will work out in the end
le film finit bien the film has a happy ending

SIMILAR VERBS

agir to act	**bâtir** to build	**durcir** to harden
guérir to heal	**réunir** to reunite	

46   fuir   to flee

PRESENT
je **fuis**
tu **fuis**
il **fuit**
nous **fuyons**
vous **fuyez**
ils **fuient**

IMPERFECT
je **fuyais**
tu **fuyais**
il **fuyait**
nous **fuyions**
vous **fuyiez**
ils **fuyaient**

IMPERATIVE
fuis
fuyons
fuyez

FUTURE
je **fuirai**
tu **fuiras**
il **fuira**
nous **fuirons**
vous **fuirez**
ils **fuiront**

PRESENT PARTICIPLE
fuyant

PAST PARTICIPLE
fui

CONDITIONAL
je **fuirais**
tu **fuirais**
il **fuirait**
nous **fuirions**
vous **fuiriez**
ils **fuiraient**

fuir to flee (46)

PAST HISTORIC	
je	fuis
tu	fuis
il	fuit
nous	fuîmes
vous	fuîtes
ils	fuirent

PRESENT SUBJUNCTIVE	
je	fuie
tu	fuies
il	fuie
nous	fuyions
vous	fuyiez
ils	fuient

PERFECT	
j'	ai fui
tu	as fui
il	a fui
nous	avons fui
vous	avez fui
ils	ont fui

PAST SUBJUNCTIVE	
je	fuisse
tu	fuisses
il	fuît
nous	fuissions
vous	fuissiez
ils	fuissent

············· CONSTRUCTIONS ·············

fuir devant un danger/ses responsabilités to run away from danger/one's responsibilities

············· SIMILAR VERBS ·············

s'enfuir to run away

47 haïr to hate

PRESENT		IMPERFECT	
je	hais	je	haïssais
tu	hais	tu	haïssais
il	hait	il	haïssait
nous	haïssons	nous	haïssions
vous	haïssez	vous	haïssiez
ils	haïssent	ils	haïssaient

IMPERATIVE		FUTURE	
hais		je	haïrai
haïssons		tu	haïras
haïssez		il	haïra
		nous	haïrons
		vous	haïrez
		ils	haïront

PRESENT PARTICIPLE

haïssant

PAST PARTICIPLE

haï

CONDITIONAL	
je	haïrais
tu	haïrais
il	haïrait
nous	haïrions
vous	haïriez
ils	haïraient

haïr to hate

<table>
<tr><td>

PAST HISTORIC

je	haïs
tu	haïs
il	haït
nous	haïmes
vous	haïtes
ils	haïrent

</td><td>

PRESENT SUBJUNCTIVE

je	haïsse
tu	haïsses
il	haïsse
nous	haïssions
vous	haïssiez
ils	haïssent

</td></tr>
<tr><td>

PERFECT

j'	ai haï
tu	as haï
il	a haï
nous	avons haï
vous	avez haï
ils	ont haï

</td><td>

PAST SUBJUNCTIVE

je	haïsse
tu	haïsses
il	haït
nous	haïssions
vous	haïssiez
ils	haïssent

</td></tr>
</table>

48 interdire to forbid

PRESENT	
j'	interdis
tu	interdis
il	interdit
nous	interdisons
vous	interdisez
ils	interdisent

IMPERFECT	
j'	interdisais
tu	interdisais
il	interdisait
nous	interdisions
vous	interdisiez
ils	interdisaient

IMPERATIVE
interdis
interdisons
interdisez

FUTURE	
j'	interdirai
tu	interdiras
il	interdira
nous	interdirons
vous	interdirez
ils	interdiront

PRESENT PARTICIPLE
interdisant

PAST PARTICIPLE
interdit

CONDITIONAL	
j'	interdirais
tu	interdirais
il	interdirait
nous	interdirions
vous	interdiriez
ils	interdiraient

interdire to forbid 48

PAST HISTORIC		PRESENT SUBJUNCTIVE	
j'	interdis	j'	interdise
tu	interdis	tu	interdises
il	interdit	il	interdise
nous	interdîmes	nous	interdisions
vous	interdîtes	vous	interdisiez
ils	interdirent	ils	interdisent

PERFECT		PAST SUBJUNCTIVE	
j'	ai interdit	j'	interdisse
tu	as interdit	tu	interdisses
il	a interdit	il	interdît
nous	avons interdit	nous	interdissions
vous	avez interdit	vous	interdissiez
ils	ont interdit	ils	interdissent

········· CONSTRUCTIONS ·········

interdire à qn de faire qch to forbid sb to do sth
il m'a interdit l'alcool/le tabac he's forbidden me to
drink/smoke
il est interdit de fumer smoking is prohibited
stationnement interdit no parking

········· SIMILAR VERBS ·········

contredire to contradict   **prédire** to predict

introduire to introduce

PRESENT	
j'	introduis
tu	introduis
il	introduit
nous	introduisons
vous	introduisez
ils	introduisent

IMPERFECT	
j'	introduisais
tu	introduisais
il	introduisait
nous	introduisions
vous	introduisiez
ils	introduisaient

IMPERATIVE
introduis
introduisons
introduisez

FUTURE	
j'	introduirai
tu	introduiras
il	introduira
nous	introduirons
vous	introduirez
ils	introduiront

PRESENT PARTICIPLE
introduisant

PAST PARTICIPLE
introduit

CONDITIONAL	
j'	introduirais
tu	introduirais
il	introduirait
nous	introduirions
vous	introduiriez
ils	introduiraient

introduire to introduce

PAST HISTORIC	
j'	introduisis
tu	introduisis
il	introduisit
nous	introduisîmes
vous	introduisîtes
ils	introduisirent

PRESENT SUBJUNCTIVE	
j'	introduise
tu	introduises
il	introduise
nous	introduisions
vous	introduisiez
ils	introduisent

PERFECT	
j'	ai introduit
tu	as introduit
il	a introduit
nous	avons introduit
vous	avez introduit
ils	ont introduit

PAST SUBJUNCTIVE	
j'	introduisisse
tu	introduisisses
il	introduisît
nous	introduisissions
vous	introduisissiez
ils	introduisissent

.... CONSTRUCTIONS ....

il a introduit sa clef dans la serrure he inserted his key in the lock

il m'a introduit dans le salon he showed me into the lounge

s'introduire dans une pièce to get into a room

jeter to throw

....

PRESENT	
je	jette
tu	jettes
il	jette
nous	jetons
vous	jetez
ils	jettent

IMPERFECT	
je	jetais
tu	jetais
il	jetait
nous	jetions
vous	jetiez
ils	jetaient

IMPERATIVE
jette
jetons
jetez

FUTURE	
je	jetterai
tu	jetteras
il	jettera
nous	jetterons
vous	jetterez
ils	jetteront

PRESENT PARTICIPLE
jetant

PAST PARTICIPLE
jeté

CONDITIONAL	
je	jetterais
tu	jetterais
il	jetterait
nous	jetterions
vous	jetteriez
ils	jetteraient

jeter to throw 50

PAST HISTORIC		PRESENT SUBJUNCTIVE	
je	jetai	je	jette
tu	jetas	tu	jettes
il	jeta	il	jette
nous	jetâmes	nous	jetions
vous	jetâtes	vous	jetiez
ils	jetèrent	ils	jettent

PERFECT		PAST SUBJUNCTIVE	
j'	ai jeté	je	jetasse
tu	as jeté	tu	jetasses
il	a jeté	il	jetât
nous	avons jeté	nous	jetassions
vous	avez jeté	vous	jetassiez
ils	ont jeté	ils	jetassent

.... CONSTRUCTIONS ....

jeter qch à qn to throw sth to sb; to throw sth at sb

jeter qch par terre/par la fenêtre to throw sth down/out of the window

jeter qn dehors *or* **à la porte** to throw sb out

.... SIMILAR VERBS ....

breveter to patent **étiqueter** to label **feuilleter** to leaf through

projeter to plan **rejeter** to reject

113

joindre to join

PRESENT	
je	joins
tu	joins
il	joint
nous	joignons
vous	joignez
ils	joignent

IMPERFECT	
je	joignais
tu	joignais
il	joignait
nous	joignions
vous	joigniez
ils	joignaient

IMPERATIVE
joins
joignons
joignez

FUTURE	
je	joindrai
tu	joindras
il	joindra
nous	joindrons
vous	joindrez
ils	joindront

PRESENT PARTICIPLE
joignant

PAST PARTICIPLE
joint

CONDITIONAL	
je	joindrais
tu	joindrais
il	joindrait
nous	joindrions
vous	joindriez
ils	joindraient

joindre to join

PAST HISTORIC	
je	joignis
tu	joignis
il	joignit
nous	joignîmes
vous	joignîtes
ils	joignirent

PRESENT SUBJUNCTIVE	
je	joigne
tu	joignes
il	joigne
nous	joignions
vous	joigniez
ils	joignent

PERFECT	
j'	ai joint
tu	as joint
il	a joint
nous	avons joint
vous	avez joint
ils	ont joint

PAST SUBJUNCTIVE	
je	joignisse
tu	joignisses
il	joignît
nous	joignissions
vous	joignissiez
ils	joignissent

.... CONSTRUCTIONS ....

joindre les mains to clasp one's hands (together)
voir la lettre ci-jointe see the enclosed letter
elle joint l'intelligence à la beauté she combines intelligence and beauty
se joindre à to join

.... SIMILAR VERBS ....

adjoindre to attach   **rejoindre** to rejoin

lever to lift

PRESENT		IMPERFECT	
je	lève	je	levais
tu	lèves	tu	levais
il	lève	il	levait
nous	levons	nous	levions
vous	levez	vous	leviez
ils	lèvent	ils	levaient

IMPERATIVE		FUTURE	
	lève	je	lèverai
	levons	tu	lèveras
	levez	il	lèvera
		nous	lèverons
		vous	lèverez
		ils	lèveront

PRESENT PARTICIPLE		CONDITIONAL	
levant		je	lèverais
		tu	lèverais
		il	lèverait
PAST PARTICIPLE		nous	lèverions
levé		vous	lèveriez
		ils	lèveraient

PAST HISTORIC		PRESENT SUBJUNCTIVE
je	levai	je lève
tu	levas	tu lèves
il	leva	il lève
nous	levâmes	nous levions
vous	levâtes	vous leviez
ils	levèrent	ils lèvent

PERFECT		PAST SUBJUNCTIVE
j'	ai levé	je levasse
tu	as levé	tu levasses
il	a levé	il levât
nous	avons levé	nous levassions
vous	avez levé	vous levassiez
ils	ont levé	ils levassent

······ CONSTRUCTIONS ······

lever les yeux to look up
levez la main! put your hand up!
lever son verre à qn to raise one's glass to sb
se lever to get up; to rise
le jour/la brume se lève day breaks/the mist is clearing

······ SIMILAR VERBS ······

amener to bring	**élever** to raise	**enlever** to remove
mener to lead	**peser** to weigh	

lire to read

PRESENT	
je	lis
tu	lis
il	lit
nous	lisons
vous	lisez
ils	lisent

IMPERFECT	
je	lisais
tu	lisais
il	lisait
nous	lisions
vous	lisiez
ils	lisaient

IMPERATIVE
lis
lisons
lisez

FUTURE	
je	lirai
tu	liras
il	lira
nous	lirons
vous	lirez
ils	liront

PRESENT PARTICIPLE
lisant

PAST PARTICIPLE
lu

CONDITIONAL	
je	lirais
tu	lirais
il	lirait
nous	lirions
vous	liriez
ils	liraient

PAST HISTORIC	
je	lus
tu	lus
il	lut
nous	lûmes
vous	lûtes
ils	lurent

PRESENT SUBJUNCTIVE	
je	lise
tu	lises
il	lise
nous	lisions
vous	lisiez
ils	lisent

PERFECT	
j'	ai lu
tu	as lu
il	a lu
nous	avons lu
vous	avez lu
ils	ont lu

PAST SUBJUNCTIVE	
je	lusse
tu	lusses
il	lût
nous	lussions
vous	lussiez
ils	lussent

·············· CONSTRUCTIONS ··············

je lui ai lu une histoire I read him a story
c'est un livre à lire it's a book you should read

·············· SIMILAR VERBS ··············

élire to elect

119

manger to eat

PRESENT

je	mange
tu	manges
il	mange
nous	mangeons
vous	mangez
ils	mangent

IMPERFECT

je	mangeais
tu	mangeais
il	mangeait
nous	mangions
vous	mangiez
ils	mangeaient

IMPERATIVE

mange
mangeons
mangez

FUTURE

je	mangerai
tu	mangeras
il	mangera
nous	mangerons
vous	mangerez
ils	mangeront

PRESENT PARTICIPLE

mangeant

PAST PARTICIPLE

mangé

CONDITIONAL

je	mangerais
tu	mangerais
il	mangerait
nous	mangerions
vous	mangeriez
ils	mangeraient

manger to eat (54)

PAST HISTORIC		PRESENT SUBJUNCTIVE	
je	mangeai	je	mange
tu	mangeas	tu	manges
il	mangea	il	mange
nous	mangeâmes	nous	mangions
vous	mangeâtes	vous	mangiez
ils	mangèrent	ils	mangent

PERFECT		PAST SUBJUNCTIVE	
j'	ai mangé	je	mangeasse
tu	as mangé	tu	mangeasses
il	a mangé	il	mangeât
nous	avons mangé	nous	mangeassions
vous	avez mangé	vous	mangeassiez
ils	ont mangé	ils	mangeassent

.... CONSTRUCTIONS ....

manger comme quatre to eat like a horse
est-ce que ça se mange? is it edible?

.... SIMILAR VERBS ....

arranger to arrange   **bouger** to move   **dégager** to clear
diriger to manage   **loger** to accommodate

55 maudire to curse

PRESENT

je	maudis
tu	maudis
il	maudit
nous	maudissons
vous	maudissez
ils	maudissent

IMPERFECT

je	maudissais
tu	maudissais
il	maudissait
nous	maudissions
vous	maudissiez
ils	maudissaient

IMPERATIVE

maudis
maudissons
maudissez

FUTURE

je	maudirai
tu	maudiras
il	maudira
nous	maudirons
vous	maudirez
ils	maudiront

PRESENT PARTICIPLE

maudissant

PAST PARTICIPLE

maudit

CONDITIONAL

je	maudirais
tu	maudirais
il	maudirait
nous	maudirions
vous	maudiriez
ils	maudiraient

maudire to curse (55)

PAST HISTORIC	
je	maudis
tu	maudis
il	maudit
nous	maudîmes
vous	maudîtes
ils	maudirent

PRESENT SUBJUNCTIVE	
je	maudisse
tu	maudisses
il	maudisse
nous	maudissions
vous	maudissiez
ils	maudissent

PERFECT	
j'	ai maudit
tu	as maudit
il	a maudit
nous	avons maudit
vous	avez maudit
ils	ont maudit

PAST SUBJUNCTIVE	
je	maudisse
tu	maudisses
il	maudît
nous	maudissions
vous	maudissiez
ils	maudissent

················ CONSTRUCTIONS ··

ce maudit stylo ne marche pas! this blasted pen won't work!

mettre to put

PRESENT

je	mets
tu	mets
il	met
nous	mettons
vous	mettez
ils	mettent

IMPERFECT

je	mettais
tu	mettais
il	mettait
nous	mettions
vous	mettiez
ils	mettaient

IMPERATIVE

mets
mettons
mettez

FUTURE

je	mettrai
tu	mettras
il	mettra
nous	mettrons
vous	mettrez
ils	mettront

PRESENT PARTICIPLE

mettant

PAST PARTICIPLE

mis

CONDITIONAL

je	mettrais
tu	mettrais
il	mettrait
nous	mettrions
vous	mettriez
ils	mettraient

mettre to put (56)

PAST HISTORIC		PRESENT SUBJUNCTIVE

je	mis
tu	mis
il	mit
nous	mîmes
vous	mîtes
ils	mirent

je	mette
tu	mettes
il	mette
nous	mettions
vous	mettiez
ils	mettent

PERFECT		PAST SUBJUNCTIVE

j'	ai mis
tu	as mis
il	a mis
nous	avons mis
vous	avez mis
ils	ont mis

je	misse
tu	misses
il	mît
nous	missions
vous	missiez
ils	missent

.... CONSTRUCTIONS ....

j'ai mis 2 heures à le faire I took 2 hours to do it
elle n'a rien à se mettre she's nothing to wear
se mettre à faire qch to start doing sth
se mettre au travail to set to work

.... SIMILAR VERBS ....

admettre to admit **commettre** to commit **émettre** to emit
soumettre to submit **transmettre** to transmit

125

monter to go up

PRESENT		IMPERFECT	
je	monte	je	montais
tu	montes	tu	montais
il	monte	il	montait
nous	montons	nous	montions
vous	montez	vous	montiez
ils	montent	ils	montaient

IMPERATIVE	FUTURE	
monte	je	monterai
montons	tu	monteras
montez	il	montera
	nous	monterons
	vous	monterez
	ils	monteront

PRESENT PARTICIPLE	CONDITIONAL	
montant	je	monterais
	tu	monterais
PAST PARTICIPLE	il	monterait
monté	nous	monterions
	vous	monteriez
	ils	monteraient

monter to go up (57)

PAST HISTORIC	
je	montai
tu	montas
il	monta
nous	montâmes
vous	montâtes
ils	montèrent

PRESENT SUBJUNCTIVE	
je	monte
tu	montes
il	monte
nous	montions
vous	montiez
ils	montent

PERFECT	
je	suis monté
tu	es monté
il	est monté
nous	sommes montés
vous	êtes monté(s)
ils	sont montés

PAST SUBJUNCTIVE	
je	montasse
tu	montasses
il	montât
nous	montassions
vous	montassiez
ils	montassent

.... CONSTRUCTIONS ....

monter dans un train/un avion to get on a train/plane
monter en voiture to get into a car
monter à bicyclette/cheval to get on a bicycle/horse; to ride a
bicycle/horse
il a monté la valise he took the case up

58 mordre to bite

<table>
<tr><td colspan="2">PRESENT</td><td colspan="2">IMPERFECT</td></tr>
<tr><td>je</td><td>mords</td><td>je</td><td>mordais</td></tr>
<tr><td>tu</td><td>mords</td><td>tu</td><td>mordais</td></tr>
<tr><td>il</td><td>mord</td><td>il</td><td>mordait</td></tr>
<tr><td>nous</td><td>mordons</td><td>nous</td><td>mordions</td></tr>
<tr><td>vous</td><td>mordez</td><td>vous</td><td>mordiez</td></tr>
<tr><td>ils</td><td>mordent</td><td>ils</td><td>mordaient</td></tr>
</table>

<table>
<tr><td colspan="2">IMPERATIVE</td><td colspan="2">FUTURE</td></tr>
<tr><td colspan="2">mords</td><td>je</td><td>mordrai</td></tr>
<tr><td colspan="2">mordons</td><td>tu</td><td>mordras</td></tr>
<tr><td colspan="2">mordez</td><td>il</td><td>mordra</td></tr>
<tr><td colspan="2"></td><td>nous</td><td>mordrons</td></tr>
<tr><td colspan="2"></td><td>vous</td><td>mordrez</td></tr>
<tr><td colspan="2"></td><td>ils</td><td>mordront</td></tr>
</table>

<table>
<tr><td colspan="2">PRESENT PARTICIPLE</td><td colspan="2">CONDITIONAL</td></tr>
<tr><td colspan="2">mordant</td><td>je</td><td>mordrais</td></tr>
<tr><td colspan="2"></td><td>tu</td><td>mordrais</td></tr>
<tr><td colspan="2">PAST PARTICIPLE</td><td>il</td><td>mordrait</td></tr>
<tr><td colspan="2">mordu</td><td>nous</td><td>mordrions</td></tr>
<tr><td colspan="2"></td><td>vous</td><td>mordriez</td></tr>
<tr><td colspan="2"></td><td>ils</td><td>mordraient</td></tr>
</table>

mordre to bite 58

PAST HISTORIC	
je	mordis
tu	mordis
il	mordit
nous	mordîmes
vous	mordîtes
ils	mordirent

PRESENT SUBJUNCTIVE	
je	morde
tu	mordes
il	morde
nous	mordions
vous	mordiez
ils	mordent

PERFECT	
j'	ai mordu
tu	as mordu
il	a mordu
nous	avons mordu
vous	avez mordu
ils	ont mordu

PAST SUBJUNCTIVE	
je	mordisse
tu	mordisses
il	mordît
nous	mordissions
vous	mordissiez
ils	mordissent

·············· CONSTRUCTIONS ··

mordre qn à la main to bite sb's hand
mordre dans une pomme to bite into an apple
mordu de football mad keen on football
mordre à l'hameçon to rise to the bait

·············· SIMILAR VERBS ··

tordre to twist

59   moudre   to grind

<table>
<tr><th colspan="2">PRESENT</th></tr>
<tr><td>je</td><td>mouds</td></tr>
<tr><td>tu</td><td>mouds</td></tr>
<tr><td>il</td><td>moud</td></tr>
<tr><td>nous</td><td>moulons</td></tr>
<tr><td>vous</td><td>moulez</td></tr>
<tr><td>ils</td><td>moulent</td></tr>
</table>

<table>
<tr><th colspan="2">IMPERFECT</th></tr>
<tr><td>je</td><td>moulais</td></tr>
<tr><td>tu</td><td>moulais</td></tr>
<tr><td>il</td><td>moulait</td></tr>
<tr><td>nous</td><td>moulions</td></tr>
<tr><td>vous</td><td>mouliez</td></tr>
<tr><td>ils</td><td>moulaient</td></tr>
</table>

<table>
<tr><th>IMPERATIVE</th></tr>
<tr><td>mouds</td></tr>
<tr><td>moulons</td></tr>
<tr><td>moulez</td></tr>
</table>

<table>
<tr><th colspan="2">FUTURE</th></tr>
<tr><td>je</td><td>moudrai</td></tr>
<tr><td>tu</td><td>moudras</td></tr>
<tr><td>il</td><td>moudra</td></tr>
<tr><td>nous</td><td>moudrons</td></tr>
<tr><td>vous</td><td>moudrez</td></tr>
<tr><td>ils</td><td>moudront</td></tr>
</table>

<table>
<tr><th>PRESENT PARTICIPLE</th></tr>
<tr><td>moulant</td></tr>
</table>

<table>
<tr><th colspan="2">CONDITIONAL</th></tr>
<tr><td>je</td><td>moudrais</td></tr>
<tr><td>tu</td><td>moudrais</td></tr>
<tr><td>il</td><td>moudrait</td></tr>
<tr><td>nous</td><td>moudrions</td></tr>
<tr><td>vous</td><td>moudriez</td></tr>
<tr><td>ils</td><td>moudraient</td></tr>
</table>

<table>
<tr><th>PAST PARTICIPLE</th></tr>
<tr><td>moulu</td></tr>
</table>

moudre to grind (59)

PAST HISTORIC	
je	moulus
tu	moulus
il	moulut
nous	moulûmes
vous	moulûtes
ils	moulurent

PRESENT SUBJUNCTIVE	
je	moule
tu	moules
il	moule
nous	moulions
vous	mouliez
ils	moulent

PERFECT	
j'	ai moulu
tu	as moulu
il	a moulu
nous	avons moulu
vous	avez moulu
ils	ont moulu

PAST SUBJUNCTIVE	
je	moulusse
tu	moulusses
il	moulût
nous	moulussions
vous	moulussiez
ils	moulussent

······ CONSTRUCTIONS ······

je l'aimerais moulu très fin, s'il vous plaît I'd like it very finely ground, please

mourir to die

PRESENT	
je	meurs
tu	meurs
il	meurt
nous	mourons
vous	mourez
ils	meurent

IMPERFECT	
je	mourais
tu	mourais
il	mourait
nous	mourions
vous	mouriez
ils	mouraient

IMPERATIVE
meurs
mourons
mourez

FUTURE	
je	mourrai
tu	mourras
il	mourra
nous	mourrons
vous	mourrez
ils	mourront

PRESENT PARTICIPLE
mourant

PAST PARTICIPLE
mort

CONDITIONAL	
je	mourrais
tu	mourrais
il	mourrait
nous	mourrions
vous	mourriez
ils	mourraient

mourir to die 60

je	**mourus**
tu	**mourus**
il	**mourut**
nous	**mourûmes**
vous	**mourûtes**
ils	**moururent**

PRESENT SUBJUNCTIVE

je	**meure**
tu	**meures**
il	**meure**
nous	**mourions**
vous	**mouriez**
ils	**meurent**

PERFECT

je	**suis mort**
tu	**es mort**
il	**est mort**
nous	**sommes mort**
vous	**êtes mort(s)**
ils	**sont morts**

PAST SUBJUNCTIVE

je	**mourusse**
tu	**mourusses**
il	**mourût**
nous	**mourussions**
vous	**mourussiez**
ils	**mourussent**

················· CONSTRUCTIONS ······································

il est mort he's dead
il est mort en 1960 he died in 1960
mourir de faim/froid to die of hunger/cold
être mort de peur to be scared to death
mourir d'envie de faire qch to be dying to do sth

mouvoir to move

....

PRESENT

je	meus
tu	meus
il	meut
nous	mouvons
vous	mouvez
ils	meuvent

IMPERFECT

je	mouvais
tu	mouvais
il	mouvait
nous	mouvions
vous	mouviez
ils	mouvaient

IMPERATIVE ·

meus
mouvons
mouvez

FUTURE

je	mouvrai
tu	mouvras
il	mouvra
nous	mouvrons
vous	mouvrez
ils	mouvront

PRESENT PARTICIPLE

mouvant

PAST PARTICIPLE

mû (*NB*: mue, mus, mues)

CONDITIONAL

je	mouvrais
tu	mouvrais
il	mouvrait
nous	mouvrions
vous	mouvriez
ils	mouvraient

mouvoir to move 61

PAST HISTORIC	
je	mus
tu	mus
il	mut
nous	mûmes
vous	mûtes
ils	murent

PRESENT SUBJUNCTIVE	
je	meuve
tu	meuves
il	meuve
nous	mouvions
vous	mouviez
ils	meuvent

PERFECT	
j'	ai mû
tu	as mû
il	a mû
nous	avons mû
vous	avez mû
ils	ont mû

PAST SUBJUNCTIVE	
je	musse
tu	musses
il	mût
nous	mussions
vous	mussiez
ils	mussent

.... CONSTRUCTIONS ....

il a de la peine à se mouvoir he has difficulty in moving

135

naître to be born

PRESENT		IMPERFECT	
je	nais	je	naissais
tu	nais	tu	naissais
il	naît	il	naissait
nous	naissons	nous	naissions
vous	naissez	vous	naissiez
ils	naissent	ils	naissaient

IMPERATIVE		FUTURE	
	nais	je	naîtrai
	naissons	tu	naîtras
	naissez	il	naîtra
		nous	naîtrons
		vous	naîtrez
		ils	naîtront

PRESENT PARTICIPLE	CONDITIONAL	
naissant	je	naîtrais
	tu	naîtrais
	il	naîtrait
PAST PARTICIPLE	nous	naîtrions
né	vous	naîtriez
	ils	naîtraient

naître to be born (62)

PAST HISTORIC
je	naquis
tu	naquis
il	naquit
nous	naquîmes
vous	naquîtes
ils	naquirent

PRESENT SUBJUNCTIVE
je	naisse
tu	naisses
il	naisse
nous	naissions
vous	naissiez
ils	naissent

PERFECT
je	suis né
tu	es né
il	est né
nous	sommes nés
vous	êtes né(s)
ils	sont nés

PAST SUBJUNCTIVE
je	naquisse
tu	naquisses
il	naquît
nous	naquissions
vous	naquissiez
ils	naquissent

·············· *CONSTRUCTIONS* ·······································

je suis né le 5 mars I was born on 5th March
il naît plus de filles que de garçons there are more girls born
than boys
faire naître des soupçons to arouse suspicion

137

nettoyer to clean

PRESENT		IMPERFECT	
je	nettoie	je	nettoyais
tu	nettoies	tu	nettoyais
il	nettoie	il	nettoyait
nous	nettoyons	nous	nettoyions
vous	nettoyez	vous	nettoyiez
ils	nettoient	ils	nettoyaient

IMPERATIVE		FUTURE	
	nettoie	je	nettoierai
	nettoyons	tu	nettoieras
	nettoyez	il	nettoiera
		nous	nettoierons
		vous	nettoierez
		ils	nettoieront

PRESENT PARTICIPLE

nettoyant

PAST PARTICIPLE		CONDITIONAL	
	nettoyé	je	nettoierais
		tu	nettoierais
		il	nettoierait
		nous	nettoierions
		vous	nettoieriez
		ils	nettoieraient

nettoyer to clean (63)

<table>
<tr><td colspan="2">PAST HISTORIC</td><td colspan="2">PRESENT SUBJUNCTIVE</td></tr>
<tr><td>je</td><td>nettoyai</td><td>je</td><td>nettoie</td></tr>
<tr><td>tu</td><td>nettoyas</td><td>tu</td><td>nettoies</td></tr>
<tr><td>il</td><td>nettoya</td><td>il</td><td>nettoie</td></tr>
<tr><td>nous</td><td>nettoyâmes</td><td>nous</td><td>nettoyions</td></tr>
<tr><td>vous</td><td>nettoyâtes</td><td>vous</td><td>nettoyiez</td></tr>
<tr><td>ils</td><td>nettoyèrent</td><td>ils</td><td>nettoient</td></tr>
</table>

<table>
<tr><td colspan="2">PERFECT</td><td colspan="2">PAST SUBJUNCTIVE</td></tr>
<tr><td>j'</td><td>ai nettoyé</td><td>je</td><td>nettoyasse</td></tr>
<tr><td>tu</td><td>as nettoyé</td><td>tu</td><td>nettoyasses</td></tr>
<tr><td>il</td><td>a nettoyé</td><td>il</td><td>nettoyât</td></tr>
<tr><td>nous</td><td>avons nettoyé</td><td>nous</td><td>nettoyassions</td></tr>
<tr><td>vous</td><td>avez nettoyé</td><td>vous</td><td>nettoyassiez</td></tr>
<tr><td>ils</td><td>ont nettoyé</td><td>ils</td><td>nettoyassent</td></tr>
</table>

.... CONSTRUCTIONS ....

nettoyer à sec to dry-clean

.... SIMILAR VERBS ....

aboyer to bark	**appuyer** to lean	**employer** to use
ennuyer to bore	**essuyer** to wipe	

64 obtenir to get

PRESENT

j'	obtiens
tu	obtiens
il	obtient
nous	obtenons
vous	obtenez
ils	obtiennent

IMPERFECT

j'	obtenais
tu	obtenais
il	obtenait
nous	obtenions
vous	obteniez
ils	obtenaient

IMPERATIVE

obtiens
obtenons
obtenez

FUTURE

j'	obtiendrai
tu	obtiendras
il	obtiendra
nous	obtiendrons
vous	obtiendrez
ils	obtiendront

PRESENT PARTICIPLE

obtenant

PAST PARTICIPLE

obtenu

CONDITIONAL

j'	obtiendrais
tu	obtiendrais
il	obtiendrait
nous	obtiendrions
vous	obtiendriez
ils	obtiendraient

obtenir to get (64)

PAST HISTORIC		PRESENT SUBJUNCTIVE	
j'	obtins	j'	obtienne
tu	obtins	tu	obtiennes
il	obtint	il	obtienne
nous	obtînmes	nous	obtenions
vous	obtîntes	vous	obteniez
ils	obtinrent	ils	obtiennent

PERFECT		PAST SUBJUNCTIVE	
j'	ai obtenu	j'	obtinsse
tu	as obtenu	tu	obtinsses
il	a obtenu	il	obtînt
nous	avons obtenu	nous	obtinssions
vous	avez obtenu	vous	obtinssiez
ils	ont obtenu	ils	obtinssènt

·········· CONSTRUCTIONS ··········

obtenir qch de qn to get sth from sb
obtenir de qn qu'il fasse qch to get sb to do sth

141

65 offrir to offer

PRESENT	
j'	offre
tu	offres
il	offre
nous	offrons
vous	offrez
ils	offrent

IMPERFECT	
j'	offrais
tu	offrais
il	offrait
nous	offrions
vous	offriez
ils	offraient

IMPERATIVE
offre
offrons
offrez

FUTURE	
j'	offrirai
tu	offriras
il	offrira
nous	offrirons
vous	offrirez
ils	offriront

PRESENT PARTICIPLE
offrant

PAST PARTICIPLE
offert

CONDITIONAL	
j'	offrirais
tu	offrirais
il	offrirait
nous	offririons
vous	offririez
ils	offriraient

offrir to offer 65

PAST HISTORIC		PRESENT SUBJUNCTIVE	
j'	offris	j'	offre
tu	offris	tu	offres
il	offrit	il	offre
nous	offrîmes	nous	offrions
vous	offrîtes	vous	offriez
ils	offrirent	ils	offrent

PERFECT		PAST SUBJUNCTIVE	
j'	ai offert	j'	offrisse
tu	as offert	tu	offrisses
il	a offert	il	offrît
nous	avons offert	nous	offrissions
vous	avez offert	vous	offrissiez
ils	ont offert	ils	offrissent

.... CONSTRUCTIONS ....

offrir qch à qn to give sb sth; to offer sb sth
offrir de faire qch to offer to do sth
s'offrir un bon repas/un CD to treat oneself to a good meal/a
CD
il s'est offert en otage/comme guide he volunteered to be *or*
as a hostage/guide

.... SIMILAR VERBS ....

souffrir to suffer

143

66 ouvrir to open

PRESENT	
j'	ouvre
tu	ouvres
il	ouvre
nous	ouvrons
vous	ouvrez
ils	ouvrent

IMPERFECT	
j'	ouvrais
tu	ouvrais
il	ouvrait
nous	ouvrions
vous	ouvriez
ils	ouvraient

IMPERATIVE
ouvre
ouvrons
ouvrez

FUTURE	
j'	ouvrirai
tu	ouvriras
il	ouvrira
nous	ouvrirons
vous	ouvrirez
ils	ouvriront

PRESENT PARTICIPLE
ouvrant

PAST PARTICIPLE
ouvert

CONDITIONAL	
j'	ouvrirais
tu	ouvrirais
il	ouvrirait
nous	ouvririons
vous	ouvririez
ils	ouvriraient

ouvrir to open

PAST HISTORIC		PRESENT SUBJUNCTIVE	
j'	ouvris	j'	ouvre
tu	ouvris	tu	ouvres
il	ouvrit	il	ouvre
nous	ouvrîmes	nous	ouvrions
vous	ouvrîtes	vous	ouvriez
ils	ouvrirent	ils	ouvrent

PERFECT		PAST SUBJUNCTIVE	
j'	ai ouvert	j'	ouvrisse
tu	as ouvert	tu	ouvrisses
il	a ouvert	il	ouvrît
nous	avons ouvert	nous	ouvrissions
vous	avez ouvert	vous	ouvrissiez
ils	ont ouvert	ils	ouvrissent

.... CONSTRUCTIONS ....

ouvrir une porte toute grande to open a door wide
ouvrir l'électricité/le gaz/la radio to switch or turn on the electricity/gas/radio
notre épicier ouvre le lundi our grocer is open on Mondays
s'ouvrir to open; to open up; to open out

.... SIMILAR VERBS ....

rouvrir to reopen

145

67 paraître to appear

PRESENT	
je	parais
tu	parais
il	paraît
nous	paraissons
vous	paraissez
ils	paraissent

IMPERFECT	
je	paraissais
tu	paraissais
il	paraissait
nous	paraissions
vous	paraissiez
ils	paraissaient

IMPERATIVE
parais
paraissons
paraissez

FUTURE	
je	paraîtrai
tu	paraîtras
il	paraîtra
nous	paraîtrons
vous	paraîtrez
ils	paraîtront

PRESENT PARTICIPLE
paraissant

PAST PARTICIPLE
paru

CONDITIONAL	
je	paraîtrais
tu	paraîtrais
il	paraîtrait
nous	paraîtrions
vous	paraîtriez
ils	paraîtraient

paraître to appear

PAST HISTORIC		PRESENT SUBJUNCTIVE	
je	parus	je	paraisse
tu	parus	tu	paraisses
il	parut	il	paraisse
nous	parûmes	nous	paraissions
vous	parûtes	vous	paraissiez
ils	parurent	ils	paraissent

PERFECT		PAST SUBJUNCTIVE	
j'	ai paru	je	parusse
tu	as paru	tu	parusses
il	a paru	il	parût
nous	avons paru	nous	parussions
vous	avez paru	vous	parussiez
ils	ont paru	ils	parussent

······ CONSTRUCTIONS ······

paraître faire qch to seem to do sth
'vient de paraître' 'just out'
'à paraître prochainement' 'out soon'
il est malade, paraît-il, il paraît qu'il est malade he's ill apparently

······ SIMILAR VERBS ······

disparaître to disappear

147

68 partir to go, leave

PRESENT	
je	pars
tu	pars
il	part
nous	partons
vous	partez
ils	partent

IMPERFECT	
je	partais
tu	partais
il	partait
nous	partions
vous	partiez
ils	partaient

IMPERATIVE
pars
partons
partez

FUTURE	
je	partirai
tu	partiras
il	partira
nous	partirons
vous	partirez
ils	partiront

PRESENT PARTICIPLE
partant

PAST PARTICIPLE
parti

CONDITIONAL	
je	partirais
tu	partirais
il	partirait
nous	partirions
vous	partiriez
ils	partiraient

partir to go, leave (68)

<table>
<tr><td colspan="2">PAST HISTORIC</td><td colspan="2">PRESENT SUBJUNCTIVE</td></tr>
<tr><td>je</td><td>partis</td><td>je</td><td>parte</td></tr>
<tr><td>tu</td><td>partis</td><td>tu</td><td>partes</td></tr>
<tr><td>il</td><td>partit</td><td>il</td><td>parte</td></tr>
<tr><td>nous</td><td>partîmes</td><td>nous</td><td>partions</td></tr>
<tr><td>vous</td><td>partîtes</td><td>vous</td><td>partiez</td></tr>
<tr><td>ils</td><td>partirent</td><td>ils</td><td>partent</td></tr>
</table>

<table>
<tr><td colspan="2">PERFECT</td><td colspan="2">PAST SUBJUNCTIVE</td></tr>
<tr><td>je</td><td>suis parti</td><td>je</td><td>partisse</td></tr>
<tr><td>tu</td><td>es parti</td><td>tu</td><td>partisses</td></tr>
<tr><td>il</td><td>est parti</td><td>il</td><td>partît</td></tr>
<tr><td>nous</td><td>sommes partis</td><td>nous</td><td>partissions</td></tr>
<tr><td>vous</td><td>êtes parti(s)</td><td>vous</td><td>partissiez</td></tr>
<tr><td>ils</td><td>sont partis</td><td>ils</td><td>partissent</td></tr>
</table>

·············· *CONSTRUCTIONS* ··

partir en vacances/en voyage to go (off) on holiday/on a journey
à partir du 14 juillet as from the 14th of July
à partir de 100F from 100F upwards

69 passer to pass

PRESENT	
je	passe
tu	passes
il	passe
nous	passons
vous	passez
ils	passent

IMPERFECT	
je	passais
tu	passais
il	passait
nous	passions
vous	passiez
ils	passaient

IMPERATIVE
passe
passons
passez

FUTURE	
je	passerai
tu	passeras
il	passera
nous	passerons
vous	passerez
ils	passeront

PRESENT PARTICIPLE
passant

PAST PARTICIPLE
passé

CONDITIONAL	
je	passerais
tu	passerais
il	passerait
nous	passerions
vous	passeriez
ils	passeraient

passer to pass (69)

PAST HISTORIC		PRESENT SUBJUNCTIVE	
je	passai	je	passe
tu	passas	tu	passes
il	passa	il	passe
nous	passâmes	nous	passions
vous	passâtes	vous	passiez
ils	passèrent	ils	passent

PERFECT		PAST SUBJUNCTIVE	
j'	ai passé	je	passasse
tu	as passé	tu	passasses
il	a passé	il	passât
nous	avons passé	nous	passassions
vous	avez passé	vous	passassiez
ils	ont passé	ils	passassent

.... CONSTRUCTIONS ....

passer en courant to run past
passer au bureau/chez un ami to call (in) at the office/at a friend's
laisser passer qn to let sb through *or* in *etc*
laisser passer une erreur to overlook a mistake
passer un examen to sit an exam

.... SIMILAR VERBS ....

dépasser to overtake   **surpasser** to surpass

151

70 payer to pay

PRESENT	
je	paye
tu	payes
il	paye
nous	payons
vous	payez
ils	payent

IMPERFECT	
je	payais
tu	payais
il	payait
nous	payions
vous	payiez
ils	payaient

IMPERATIVE
paye
payons
payez

FUTURE	
je	payerai
tu	payeras
il	payera
nous	payerons
vous	payerez
ils	payeront

PRESENT PARTICIPLE
payant

PAST PARTICIPLE
payé

CONDITIONAL	
je	payerais
tu	payerais
il	payerait
nous	payerions
vous	payeriez
ils	payeraient

PAST HISTORIC	
je	payai
tu	payas
il	paya
nous	payâmes
vous	payâtes
ils	payèrent

PRESENT SUBJUNCTIVE	
je	paye
tu	payes
il	paye
nous	payions
vous	payiez
ils	payent

PERFECT	
j'	ai payé
tu	as payé
il	a payé
nous	avons payé
vous	avez payé
ils	ont payé

PAST SUBJUNCTIVE	
je	payasse
tu	payasses
il	payât
nous	payassions
vous	payassiez
ils	payassent

.... CONSTRUCTIONS ....

être payé par chèque/à l'heure to be paid by cheque/by the hour

est-ce qu'il t'a payé les billets? did he pay you for the tickets?

il l'a payé 10F he paid 10F for it

il l'a payé de sa vie it cost him his life

.... SIMILAR VERBS ....

balayer to sweep up	**débrayer** to declutch
délayer to thin down	**effrayer** to frighten	**essayer** to try

peindre to paint

PRESENT		IMPERFECT	
je	peins	je	peignais
tu	peins	tu	peignais
il	peint	il	peignait
nous	peignons	nous	peignions
vous	peignez	vous	peigniez
ils	peignent	ils	peignaient

IMPERATIVE		FUTURE	
peins		je	peindrai
peignons		tu	peindras
peignez		il	peindra
		nous	peindrons
		vous	peindrez
		ils	peindront

PRESENT PARTICIPLE		CONDITIONAL	
peignant		je	peindrais
		tu	peindrais
		il	peindrait
PAST PARTICIPLE		nous	peindrions
peint		vous	peindriez
		ils	peindraient

peindre to paint (71)

PAST HISTORIC	
je	peignis
tu	peignis
il	peignit
nous	peignîmes
vous	peignîtes
ils	peignirent

PRESENT SUBJUNCTIVE	
je	peigne
tu	peignes
il	peigne
nous	peignions
vous	peigniez
ils	peignent

PERFECT	
j'	ai peint
tu	as peint
il	a peint
nous	avons peint
vous	avez peint
ils	ont peint

PAST SUBJUNCTIVE	
je	peignisse
tu	peignisses
il	peignît
nous	peignissions
vous	peignissiez
ils	peignissent

······· CONSTRUCTIONS ···

peindre qch en bleu/à l'huile to paint sth blue/in oils

······· SIMILAR VERBS ···

atteindre to reach   **déteindre** to lose its colour

enfreindre to infringe   **éteindre** to put out   **teindre** to dye

perdre to lose

PRESENT	
je	perds
tu	perds
il	perd
nous	perdons
vous	perdez
ils	perdent

IMPERFECT	
je	perdais
tu	perdais
il	perdait
nous	perdions
vous	perdiez
ils	perdaient

IMPERATIVE
perds
perdons
perdez

FUTURE	
je	perdrai
tu	perdras
il	perdra
nous	perdrons
vous	perdrez
ils	perdront

PRESENT PARTICIPLE
perdant

PAST PARTICIPLE
perdu

CONDITIONAL	
je	perdrais
tu	perdrais
il	perdrait
nous	perdrions
vous	perdriez
ils	perdraient

perdre to lose 72

PAST HISTORIC
je **perdis**
tu **perdis**
il **perdit**
nous **perdîmes**
vous **perdîtes**
ils **perdirent**

PRESENT SUBJUNCTIVE
je **perde**
tu **perdes**
il **perde**
nous **perdions**
vous **perdiez**
ils **perdent**

PERFECT
j' **ai perdu**
tu **as perdu**
il **a perdu**
nous **avons perdu**
vous **avez perdu**
ils **ont perdu**

PAST SUBJUNCTIVE
je **perdisse**
tu **perdisses**
il **perdît**
nous **perdissions**
vous **perdissiez**
ils **perdissent**

.... CONSTRUCTIONS ....

perdre qn/qch de vue to lose sight of sb/sth
perdre espoir/connaissance/du poids to lose hope/consciousness/weight
tu perds ton temps à essayer you're wasting your time trying
se perdre to get lost; to disappear

permettre to allow

PRESENT	
je	permets
tu	permets
il	permet
nous	permettons
vous	permettez
ils	permettent

IMPERFECT	
je	permettais
tu	permettais
il	permettait
nous	permettions
vous	permettiez
ils	permettaient

IMPERATIVE
permets
permettons
permettez

FUTURE	
je	permettrai
tu	permettras
il	permettra
nous	permettrons
vous	permettrez
ils	permettront

PRESENT PARTICIPLE
permettant

PAST PARTICIPLE
permis

CONDITIONAL	
je	permettrais
tu	permettrais
il	permettrait
nous	permettrions
vous	permettriez
ils	permettraient

permettre to allow

PAST HISTORIC	
je	permis
tu	permis
il	permit
nous	permîmes
vous	permîtes
ils	permirent

PRESENT SUBJUNCTIVE	
je	permette
tu	permettes
il	permette
nous	permettions
vous	permettiez
ils	permettent

PERFECT	
j'	ai permis
tu	as permis
il	a permis
nous	avons permis
vous	avez permis
ils	ont permis

PAST SUBJUNCTIVE	
je	permisse
tu	permisses
il	permît
nous	permissions
vous	permissiez
ils	permissent

.... CONSTRUCTIONS ....

permettre à qn de faire qch to allow sb to do sth
permettre qch à qn to allow sb sth
mes moyens ne me le permettent pas I can't afford it
permettez-moi de vous présenter ma sœur may I introduce my sister?

plaire to please

PRESENT	IMPERFECT
je plais	je plaisais
tu plais	tu plaisais
il plaît	il plaisait
nous plaisons	nous plaisions
vous plaisez	vous plaisiez
ils plaisent	ils plaisaient

IMPERATIVE	FUTURE
plais	je plairai
plaisons	tu plairas
plaisez	il plaira
	nous plairons
	vous plairez
	ils plairont

PRESENT PARTICIPLE	CONDITIONAL
plaisant	je plairais
	tu plairais
PAST PARTICIPLE	il plairait
plu	nous plairions
	vous plairiez
	ils plairaient

plaire to please

PAST HISTORIC		PRESENT SUBJUNCTIVE	
je	plus	je	plaise
tu	plus	tu	plaises
il	plut	il	plaise
nous	plûmes	nous	plaisions
vous	plûtes	vous	plaisiez
ils	plurent	ils	plaisent

PERFECT		PAST SUBJUNCTIVE	
j'	ai plu	je	plusse
tu	as plu	tu	plusses
il	a plu	il	plût
nous	avons plu	nous	plussions
vous	avez plu	vous	plussiez
ils	ont plu	ils	plussent

············· CONSTRUCTIONS ··

sa maison lui plaît she likes her house
il cherche à plaire à tout le monde he tries to please everybody
j'irai si ça me plaît I'll go if I feel like it
s'il te plaît, s'il vous plaît please
il se plaît à Paris he likes being in Paris

············· SIMILAR VERBS ··

déplaire to displease

PRESENT	IMPERFECT
il pleut	**il pleuvait**

IMPERATIVE	FUTURE
not used	**il pleuvra**

PRESENT PARTICIPLE	CONDITIONAL
pleuvant	**il pleuvrait**

PAST PARTICIPLE
plu

pleuvoir to rain

PAST HISTORIC	PRESENT SUBJUNCTIVE
il **plut**	il **pleuve**

PERFECT	PAST SUBJUNCTIVE
il **a plu**	il **plût**

·············· *CONSTRUCTIONS* ···

il pleut it's raining
il pleut à verse it's pouring

76 pourvoir to provide

PRESENT

je	pourvois
tu	pourvois
il	pourvoit
nous	pourvoyons
vous	pourvoyez
ils	pourvoient

IMPERFECT

je	pourvoyais
tu	pourvoyais
il	pourvoyait
nous	pourvoyions
vous	pourvoyiez
ils	pourvoyaient

IMPERATIVE

pourvois
pourvoyons
pourvoyez

FUTURE

je	pourvoirai
tu	pourvoiras
il	pourvoira
nous	pourvoirons
vous	pourvoirez
ils	pourvoiront

PRESENT PARTICIPLE

pourvoyant

PAST PARTICIPLE

pourvu

CONDITIONAL

je	pourvoirais
tu	pourvoirais
il	pourvoirait
nous	pourvoirions
vous	pourvoiriez
ils	pourvoiraient

pourvoir to provide (76)

PAST HISTORIC	
je	pourvus
tu	pourvus
il	pourvut
nous	pourvûmes
vous	pourvûtes
ils	pourvurent

PRESENT SUBJUNCTIVE	
je	pourvoie
tu	pourvoies
il	pourvoie
nous	pourvoyions
vous	pourvoyiez
ils	pourvoient

PERFECT	
j'	ai pourvu
tu	as pourvu
il	a pourvu
nous	avons pourvu
vous	avez pourvu
ils	ont pourvu

PAST SUBJUNCTIVE	
je	pourvusse
tu	pourvusses
il	pourvût
nous	pourvussions
vous	pourvussiez
ils	pourvussent

·········· CONSTRUCTIONS ··

pourvoir qch de qch to equip sth with sth
pourvoir aux besoins de qn to provide for sb's needs

77 pouvoir to be able

PRESENT	
je	peux
tu	peux
il	peut
nous	pouvons
vous	pouvez
ils	peuvent

IMPERFECT	
je	pouvais
tu	pouvais
il	pouvait
nous	pouvions
vous	pouviez
ils	pouvaient

IMPERATIVE
not used

FUTURE	
je	pourrai
tu	pourras
il	pourra
nous	pourrons
vous	pourrez
ils	pourront

PRESENT PARTICIPLE
pouvant

PAST PARTICIPLE
pu

CONDITIONAL	
je	pourrais
tu	pourrais
il	pourrait
nous	pourrions
vous	pourriez
ils	pourraient

pouvoir to be able (77)

PAST HISTORIC

je	pus
tu	pus
il	put
nous	pûmes
vous	pûtes
ils	purent

PRESENT SUBJUNCTIVE

je	puisse
tu	puisses
il	puisse
nous	puissions
vous	puissiez
ils	puissent

PERFECT

j'	ai pu
tu	as pu
il	a pu
nous	avons pu
vous	avez pu
ils	ont pu

PAST SUBJUNCTIVE

je	pusse
tu	pusses
il	pût
nous	pussions
vous	pussiez
ils	pussent

CONSTRUCTIONS

pouvoir faire to be able to do
il ne peut pas venir he can't come
il n'en peut plus he's tired out; he's had enough
il a été on ne peut plus aimable he couldn't have been kinder

PRESENT

je	prends
tu	prends
il	prend
nous	prenons
vous	prenez
ils	prennent

IMPERFECT

je	prenais
tu	prenais
il	prenait
nous	prenions
vous	preniez
ils	prenaient

IMPERATIVE

prends
prenons
prenez

FUTURE

je	prendrai
tu	prendras
il	prendra
nous	prendrons
vous	prendrez
ils	prendront

PRESENT PARTICIPLE

prenant

PAST PARTICIPLE

pris

CONDITIONAL

je	prendrais
tu	prendrais
il	prendrait
nous	prendrions
vous	prendriez
ils	prendraient

prendre to take (78)

PAST HISTORIC	
je	pris
tu	pris
il	prit
nous	prîmes
vous	prîtes
ils	prirent

PRESENT SUBJUNCTIVE	
je	prenne
tu	prennes
il	prenne
nous	prenions
vous	preniez
ils	prennent

PERFECT	
j'	ai pris
tu	as pris
il	a pris
nous	avons pris
vous	avez pris
ils	ont pris

PAST SUBJUNCTIVE	
je	prisse
tu	prisses
il	prît
nous	prissions
vous	prissiez
ils	prissent

········· CONSTRUCTIONS ·········

prendre qch à qn to take sth from sb
il l'a pris dans un tiroir/sur la table he took it out of a
drawer/from the table
prendre feu to catch fire
prendre qn en amitié/en aversion to take a liking/a dislike to sb

········· SIMILAR VERBS ·········

entreprendre to undertake **se méprendre** to be mistaken
surprendre to surprise

169

promettre to promise

PRESENT

je	promets
tu	promets
il	promet
nous	promettons
vous	promettez
ils	promettent

IMPERFECT

je	promettais
tu	promettais
il	promettait
nous	promettions
vous	promettiez
ils	promettaient

IMPERATIVE

promets
promettons
promettez

FUTURE

je	promettrai
tu	promettras
il	promettra
nous	promettrons
vous	promettrez
ils	promettront

PRESENT PARTICIPLE

promettant

PAST PARTICIPLE

promis

CONDITIONAL

je	promettrais
tu	promettrais
il	promettrait
nous	promettrions
vous	promettriez
ils	promettraient

promettre to promise (79)

<table>
<tr><td colspan="2">PAST HISTORIC</td></tr>
<tr><td>je</td><td>promis</td></tr>
<tr><td>tu</td><td>promis</td></tr>
<tr><td>il</td><td>promit</td></tr>
<tr><td>nous</td><td>promîmes</td></tr>
<tr><td>vous</td><td>promîtes</td></tr>
<tr><td>ils</td><td>promirent</td></tr>
</table>

<table>
<tr><td colspan="2">PRESENT SUBJUNCTIVE</td></tr>
<tr><td>je</td><td>promette</td></tr>
<tr><td>tu</td><td>promettes</td></tr>
<tr><td>il</td><td>promette</td></tr>
<tr><td>nous</td><td>promettions</td></tr>
<tr><td>vous</td><td>promettiez</td></tr>
<tr><td>ils</td><td>promettent</td></tr>
</table>

<table>
<tr><td colspan="2">PERFECT</td></tr>
<tr><td>j'</td><td>ai promis</td></tr>
<tr><td>tu</td><td>as promis</td></tr>
<tr><td>il</td><td>a promis</td></tr>
<tr><td>nous</td><td>avons promis</td></tr>
<tr><td>vous</td><td>avez promis</td></tr>
<tr><td>ils</td><td>ont promis</td></tr>
</table>

<table>
<tr><td colspan="2">PAST SUBJUNCTIVE</td></tr>
<tr><td>je</td><td>promisse</td></tr>
<tr><td>tu</td><td>promisses</td></tr>
<tr><td>il</td><td>promît</td></tr>
<tr><td>nous</td><td>promissions</td></tr>
<tr><td>vous</td><td>promissiez</td></tr>
<tr><td>ils</td><td>promissent</td></tr>
</table>

.... CONSTRUCTIONS ....

promettre qch à qn to promise sth to sb
promettre à qn de faire qch to promise sb that one will do sth
on nous promet du beau temps we're in for some fine
weather, they say
se promettre de faire to resolve to do

.... SIMILAR VERBS ....

compromettre to compromise

80 protéger to protect

PRESENT	
je	**protège**
tu	**protèges**
il	**protège**
nous	**protégeons**
vous	**protégez**
ils	**protègent**

IMPERFECT	
je	**protégeais**
tu	**protégeais**
il	**protégeait**
nous	**protégions**
vous	**protégiez**
ils	**protégeaient**

IMPERATIVE
protège
protégeons
protégez

FUTURE	
je	**protégerai**
tu	**protégeras**
il	**protégera**
nous	**protégerons**
vous	**protégerez**
ils	**protégeront**

PRESENT PARTICIPLE
protégeant

PAST PARTICIPLE
protégé

CONDITIONAL	
je	**protégerais**
tu	**protégerais**
il	**protégerait**
nous	**protégerions**
vous	**protégeriez**
ils	**protégeraient**

protéger to protect (80)

PAST HISTORIC		PRESENT SUBJUNCTIVE	
je	protégeai	je	protège
tu	protégeas	tu	protèges
il	protégea	il	protège
nous	protégeâmes	nous	protégions
vous	protégeâtes	vous	protégiez
ils	protégèrent	ils	protègent

PERFECT		PAST SUBJUNCTIVE	
j'	ai protégé	je	protégeasse
tu	as protégé	tu	protégeasses
il	a protégé	il	protégeât
nous	avons protégé	nous	protégeassions
vous	avez protégé	vous	protégeassiez
ils	ont protégé	ils	protégeassent

·············· CONSTRUCTIONS ······························

se protéger de qch/contre qch to protect oneself from sth/against sth

·············· SIMILAR VERBS ······························

abréger to shorten **alléger** to lighten **assiéger** to besiege
piéger to booby-trap

recevoir to receive

PRESENT		IMPERFECT	
je	reçois	je	recevais
tu	reçois	tu	recevais
il	reçoit	il	recevait
nous	recevons	nous	recevions
vous	recevez	vous	receviez
ils	reçoivent	ils	recevaient

IMPERATIVE	FUTURE	
reçois	je	recevrai
recevons	tu	recevras
recevez	il	recevra
	nous	recevrons
	vous	recevrez
	ils	recevront

PRESENT PARTICIPLE

recevant

PAST PARTICIPLE

reçu

CONDITIONAL	
je	recevrais
tu	recevrais
il	recevrait
nous	recevrions
vous	recevriez
ils	recevraient

recevoir to receive 81

PAST HISTORIC	
je	reçus
tu	reçus
il	reçut
nous	reçûmes
vous	reçûtes
ils	reçurent

PRESENT SUBJUNCTIVE	
je	reçoive
tu	reçoives
il	reçoive
nous	recevions
vous	receviez
ils	reçoivent

PERFECT	
j'	ai reçu
tu	as reçu
il	a reçu
nous	avons reçu
vous	avez reçu
ils	ont reçu

PAST SUBJUNCTIVE	
je	reçusse
tu	reçusses
il	reçût
nous	reçussions
vous	reçussiez
ils	reçussent

.... CONSTRUCTIONS ....

recevoir un cadeau de qn to receive a present from sb
être reçu à un examen to pass an exam
être reçu à l'université to get a place at university
il a reçu un coup de pied he got kicked

.... SIMILAR VERBS ....

apercevoir to see   **décevoir** to disappoint
percevoir to perceive

82   rendre   to give back

PRESENT		IMPERFECT	
je	rends	je	rendais
tu	rends	tu	rendais
il	rend	il	rendait
nous	rendons	nous	rendions
vous	rendez	vous	rendiez
ils	rendent	ils	rendaient

IMPERATIVE		FUTURE	
	rends	je	rendrai
	rendons	tu	rendras
	rendez	il	rendra
		nous	rendrons
		vous	rendrez
		ils	rendront

PRESENT PARTICIPLE
rendant

PAST PARTICIPLE
rendu

CONDITIONAL	
je	rendrais
tu	rendrais
il	rendrait
nous	rendrions
vous	rendriez
ils	rendraient

rendre to give back (82)

PAST HISTORIC		PRESENT SUBJUNCTIVE	
je	rendis	je	rende
tu	rendis	tu	rendes
il	rendit	il	rende
nous	rendîmes	nous	rendions
vous	rendîtes	vous	rendiez
ils	rendirent	ils	rendent

PERFECT		PAST SUBJUNCTIVE	
j'	ai rendu	je	rendisse
tu	as rendu	tu	rendisses
il	a rendu	il	rendît
nous	avons rendu	nous	rendissions
vous	avez rendu	vous	rendissiez
ils	ont rendu	ils	rendissent

·········· CONSTRUCTIONS ··········

rendre qch à qn to give sth back to sb
rendre qn heureux to make sb happy
rendre visite à qn to pay sb a visit
se rendre to surrender
se rendre compte de qch to realize sth

rentrer to go back; to go in

PRESENT	
je	rentre
tu	rentres
il	rentre
nous	rentrons
vous	rentrez
ils	rentrent

IMPERFECT	
je	rentrais
tu	rentrais
il	rentrait
nous	rentrions
vous	rentriez
ils	rentraient

IMPERATIVE
rentre
rentrons
rentrez

FUTURE	
je	rentrerai
tu	rentreras
il	rentrera
nous	rentrerons
vous	rentrerez
ils	rentreront

PRESENT PARTICIPLE
rentrant

PAST PARTICIPLE
rentré

CONDITIONAL	
je	rentrerais
tu	rentrerais
il	rentrerait
nous	rentrerions
vous	rentreriez
ils	rentreraient

rentrer to go back; to go in

PAST HISTORIC		PRESENT SUBJUNCTIVE	
je	rentrai	je	rentre
tu	rentras	tu	rentres
il	rentra	il	rentre
nous	rentrâmes	nous	rentrions
vous	rentrâtes	vous	rentriez
ils	rentrèrent	ils	rentrent

PERFECT		PAST SUBJUNCTIVE	
je	suis rentré	je	rentrasse
tu	es rentré	tu	rentrasses
il	est rentré	il	rentrât
nous	sommes rentrés	nous	rentrassions
vous	êtes rentré(s)	vous	rentrassiez
ils	sont rentrés	ils	rentrassent

CONSTRUCTIONS

rentrer à la maison to go back home
rentrer dans une firme to join a firm
rentrer dans un arbre to crash into a tree
il a rentré la voiture he put the car away
rentrer ses griffes to draw in one's claws

répondre to answer

PRESENT

je	réponds
tu	réponds
il	répond
nous	répondons
vous	répondez
ils	répondent

IMPERFECT

je	répondais
tu	répondais
il	répondait
nous	répondions
vous	répondiez
ils	répondaient

IMPERATIVE

réponds
répondons
répondez

FUTURE

je	répondrai
tu	répondras
il	répondra
nous	répondrons
vous	répondrez
ils	répondront

PRESENT PARTICIPLE

répondant

PAST PARTICIPLE

répondu

CONDITIONAL

je	répondrais
tu	répondrais
il	répondrait
nous	répondrions
vous	répondriez
ils	répondraient

répondre to answer

PAST HISTORIC	
je	répondis
tu	répondis
il	répondit
nous	répondîmes
vous	répondîtes
ils	répondirent

PRESENT SUBJUNCTIVE	
je	réponde
tu	répondes
il	réponde
nous	répondions
vous	répondiez
ils	répondent

PERFECT	
j'	ai répondu
tu	as répondu
il	a répondu
nous	avons répondu
vous	avez répondu
ils	ont répondu

PAST SUBJUNCTIVE	
je	répondisse
tu	répondisses
il	répondît
nous	répondissions
vous	répondissiez
ils	répondissent

·············· CONSTRUCTIONS ··············

répondre à qn/à une question to answer sb/a question
on a sonné – va répondre that's the bell – go and answer the door
ça ne répond pas there's no reply
répondre de qn to answer for sb

·············· SIMILAR VERBS ··············

confondre to confuse   **correspondre** to correspond
tondre to shear

résoudre to solve

<table>
<tr><td colspan="2">PRESENT</td><td colspan="2">IMPERFECT</td></tr>
<tr><td>je</td><td>résous</td><td>je</td><td>résolvais</td></tr>
<tr><td>tu</td><td>résous</td><td>tu</td><td>résolvais</td></tr>
<tr><td>il</td><td>résout</td><td>il</td><td>résolvait</td></tr>
<tr><td>nous</td><td>résolvons</td><td>nous</td><td>résolvions</td></tr>
<tr><td>vous</td><td>résolvez</td><td>vous</td><td>résolviez</td></tr>
<tr><td>ils</td><td>résolvent</td><td>ils</td><td>résolvaient</td></tr>
</table>

<table>
<tr><td colspan="2">IMPERATIVE</td><td colspan="2">FUTURE</td></tr>
<tr><td colspan="2">résous</td><td>je</td><td>résoudrai</td></tr>
<tr><td colspan="2">résolvons</td><td>tu</td><td>résoudras</td></tr>
<tr><td colspan="2">résolvez</td><td>il</td><td>résoudra</td></tr>
<tr><td colspan="2"></td><td>nous</td><td>résoudrons</td></tr>
<tr><td colspan="2"></td><td>vous</td><td>résoudrez</td></tr>
<tr><td colspan="2"></td><td>ils</td><td>résoudront</td></tr>
</table>

<table>
<tr><td colspan="2">PRESENT PARTICIPLE</td><td colspan="2">CONDITIONAL</td></tr>
<tr><td colspan="2">résolvant</td><td>je</td><td>résoudrais</td></tr>
<tr><td colspan="2"></td><td>tu</td><td>résoudrais</td></tr>
<tr><td colspan="2">PAST PARTICIPLE</td><td>il</td><td>résoudrait</td></tr>
<tr><td colspan="2">résolu</td><td>nous</td><td>résoudrions</td></tr>
<tr><td colspan="2"></td><td>vous</td><td>résoudriez</td></tr>
<tr><td colspan="2"></td><td>ils</td><td>résoudraient</td></tr>
</table>

résoudre to solve 85

PAST HISTORIC	
je	résolus
tu	résolus
il	résolut
nous	résolûmes
vous	résolûtes
ils	résolurent

PRESENT SUBJUNCTIVE	
je	résolve
tu	résolves
il	résolve
nous	résolvions
vous	résolviez
ils	résolvent

PERFECT	
j'	ai résolu
tu	as résolu
il	a résolu
nous	avons résolu
vous	avez résolu
ils	ont résolu

PAST SUBJUNCTIVE	
je	résolusse
tu	résolusses
il	résolût
nous	résolussions
vous	résolussiez
ils	résolussent

················· CONSTRUCTIONS ···

se résoudre à faire qch to resolve to do sth
être résolu à faire to be set on doing

86 rester to remain

PRESENT	
je	reste
tu	restes
il	reste
nous	restons
vous	restez
ils	restent

IMPERFECT	
je	restais
tu	restais
il	restait
nous	restions
vous	restiez
ils	restaient

IMPERATIVE
reste
restons
restez

FUTURE	
je	resterai
tu	resteras
il	restera
nous	resterons
vous	resterez
ils	resteront

PRESENT PARTICIPLE
restant

PAST PARTICIPLE
resté

CONDITIONAL	
je	resterais
tu	resterais
il	resterait
nous	resterions
vous	resteriez
ils	resteraient

rester to remain

PAST HISTORIC		PRESENT SUBJUNCTIVE
je	restai	je reste
tu	restas	tu restes
il	resta	il reste
nous	restâmes	nous restions
vous	restâtes	vous restiez
ils	restèrent	ils restent

PERFECT		PAST SUBJUNCTIVE
je	suis resté	je restasse
tu	es resté	tu restasses
il	est resté	il restât
nous	sommes restés	nous restassions
vous	êtes resté(s)	vous restassiez
ils	sont restés	ils restassent

.... CONSTRUCTIONS ....

il est resté à regarder la télévision he stayed watching television

c'est tout l'argent qui leur reste that's all the money they have left

il reste encore un peu de pain there's still a little bread left

87 retourner to return

<table>
<tr><td colspan="2">PRESENT</td><td colspan="2">IMPERFECT</td></tr>
<tr><td>je</td><td>retourne</td><td>je</td><td>retournais</td></tr>
<tr><td>tu</td><td>retournes</td><td>tu</td><td>retournais</td></tr>
<tr><td>il</td><td>retourne</td><td>il</td><td>retournait</td></tr>
<tr><td>nous</td><td>retournons</td><td>nous</td><td>retournions</td></tr>
<tr><td>vous</td><td>retournez</td><td>vous</td><td>retourniez</td></tr>
<tr><td>ils</td><td>retournent</td><td>ils</td><td>retournaient</td></tr>
</table>

<table>
<tr><td colspan="2">IMPERATIVE</td><td colspan="2">FUTURE</td></tr>
<tr><td></td><td>retourne</td><td>je</td><td>retournerai</td></tr>
<tr><td></td><td>retournons</td><td>tu</td><td>retourneras</td></tr>
<tr><td></td><td>retournez</td><td>il</td><td>retournera</td></tr>
<tr><td></td><td></td><td>nous</td><td>retournerons</td></tr>
<tr><td></td><td></td><td>vous</td><td>retournerez</td></tr>
<tr><td></td><td></td><td>ils</td><td>retourneront</td></tr>
</table>

PRESENT PARTICIPLE

retournant

PAST PARTICIPLE

retourné

CONDITIONAL

je	retournerais
tu	retournerais
il	retournerait
nous	retournerions
vous	retourneriez
ils	retourneraient

retourner to return 87

PAST HISTORIC	
je	retournai
tu	retournas
il	retourna
nous	retournâmes
vous	retournâtes
ils	retournèrent

PRESENT SUBJUNCTIVE	
je	retourne
tu	retournes
il	retourne
nous	retournions
vous	retourniez
ils	retournent

PERFECT	
je	suis retourné
tu	es retourné
il	est retourné
nous	sommes retournés
vous	êtes retourné(s)
ils	sont retournés

PAST SUBJUNCTIVE	
je	retournasse
tu	retournasses
il	retournât
nous	retournassions
vous	retournassiez
ils	retournassent

.... CONSTRUCTIONS ....

il a retourné le seau/sac he turned the bucket upside down/the bag inside out
il a retourné les marchandises he sent the goods back
retourner en Italie to go back to Italy
se retourner to turn over; to turn round

PRESENT

je	reviens
tu	reviens
il	revient
nous	revenons
vous	revenez
ils	reviennent

IMPERFECT

je	revenais
tu	revenais
il	revenait
nous	revenions
vous	reveniez
ils	revenaient

IMPERATIVE

reviens
revenons
revenez

FUTURE

je	reviendrai
tu	reviendras
il	reviendra
nous	reviendrons
vous	reviendrez
ils	reviendront

PRESENT PARTICIPLE

revenant

PAST PARTICIPLE

revenu

CONDITIONAL

je	reviendrais
tu	reviendrais
il	reviendrait
nous	reviendrions
vous	reviendriez
ils	reviendraient

PAST HISTORIC	
je	revins
tu	revins
il	revint
nous	revînmes
vous	revîntes
ils	revinrent

PRESENT SUBJUNCTIVE	
je	revienne
tu	reviennes
il	revienne
nous	revenions
vous	reveniez
ils	reviennent

PERFECT	
je	suis revenu
tu	es revenu
il	est revenu
nous	sommes revenus
vous	êtes revenu(s)
ils	sont revenus

PAST SUBJUNCTIVE	
je	revinsse
tu	revinsses
il	revînt
nous	revinssions
vous	revinssiez
ils	revinssent

······· CONSTRUCTIONS ···

le repas revient à 70F the meal comes to 70F
il est revenu à Paris he came back to Paris
il est revenu de Paris he's back from Paris
revenir sur une promesse to go back on a promise
revenir sur ses pas to retrace one's steps

89 rire to laugh

PRESENT	
je	ris
tu	ris
il	rit
nous	rions
vous	riez
ils	rient

IMPERFECT	
je	riais
tu	riais
il	riait
nous	riions
vous	riiez
ils	riaient

IMPERATIVE
ris
rions
riez

FUTURE	
je	rirai
tu	riras
il	rira
nous	rirons
vous	rirez
ils	riront

PRESENT PARTICIPLE
riant

PAST PARTICIPLE

CONDITIONAL	
je	rirais
tu	rirais
il	rirait
nous	ririons
vous	ririez
ils	riraient

PAST HISTORIC	
je	ris
tu	ris
il	rit
nous	rîmes
vous	rîtes
ils	rirent

PRESENT SUBJUNCTIVE	
je	rie
tu	ries
il	rie
nous	riions
vous	riiez
ils	rient

PERFECT	
j'	ai ri
tu	as ri
il	a ri
nous	avons ri
vous	avez ri
ils	ont ri

PAST SUBJUNCTIVE	
je	risse
tu	risses
il	rît
nous	rissions
vous	rissiez
ils	rissent

.... CONSTRUCTIONS ....

rire de qn/qch to laugh at sb/sth
il a fait cela pour rire he did it for a joke
rire aux éclats to roar with laughter

.... SIMILAR VERBS ....

sourire to smile

rompre to break

....

PRESENT		IMPERFECT
je **romps**		je **rompais**
tu **romps**		tu **rompais**
il **rompt**		il **rompait**
nous **rompons**		nous **rompions**
vous **rompez**		vous **rompiez**
ils **rompent**		ils **rompaient**

IMPERATIVE		FUTURE
romps		je **romprai**
rompons		tu **rompras**
rompez		il **rompra**
		nous **romprons**
		vous **romprez**
		ils **rompront**

PRESENT PARTICIPLE		CONDITIONAL
rompant		je **romprais**
		tu **romprais**
PAST PARTICIPLE		il **romprait**
		nous **romprions**
		vous **rompriez**
		ils **rompraient**

rompre to break 90

PAST HISTORIC	
je	rompis
tu	rompis
il	rompit
nous	rompîmes
vous	rompîtes
ils	rompirent

PRESENT SUBJUNCTIVE	
je	rompe
tu	rompes
il	rompe
nous	rompions
vous	rompiez
ils	rompent

PERFECT	
j'	ai rompu
tu	as rompu
il	a rompu
nous	avons rompu
vous	avez rompu
ils	ont rompu

PAST SUBJUNCTIVE	
je	rompisse
tu	rompisses
il	rompît
nous	rompissions
vous	rompissiez
ils	rompissent

·········· CONSTRUCTIONS ··········

ils ont rompu (leurs fiançailles) they've broken off their
engagement
rompre les rangs to fall out
se rompre to break; to burst
être rompu (de fatigue) to be exhausted

·········· SIMILAR VERBS ··········

corrompre to corrupt   **interrompre** to interrupt

savoir to know

PRESENT	IMPERFECT
je **sais**	je **savais**
tu **sais**	tu **savais**
il **sait**	il **savait**
nous **savons**	nous **savions**
vous **savez**	vous **saviez**
ils **savent**	ils **savaient**

IMPERATIVE	FUTURE
sache	je **saurai**
sachons	tu **sauras**
sachez	il **saura**
	nous **saurons**
	vous **saurez**
	ils **sauront**

PRESENT PARTICIPLE	CONDITIONAL
sachant	je **saurais**
	tu **saurais**
	il **saurait**
	nous **saurions**
	vous **sauriez**
	ils **sauraient**

PARTICIPLE

PAST HISTORIC		PRESENT SUBJUNCTIVE

	PAST HISTORIC		PRESENT SUBJUNCTIVE
je	sus	je	sache
tu	sus	tu	saches
il	sut	il	sache
nous	sûmes	nous	sachions
vous	sûtes	vous	sachiez
ils	surent	ils	sachent

	PERFECT		PAST SUBJUNCTIVE
j'	ai su	je	susse
tu	as su	tu	susses
il	a su	il	sût
nous	avons su	nous	sussions
vous	avez su	vous	sussiez
ils	ont su	ils	sussent

·············· CONSTRUCTIONS ··············

savoir faire to know how to do; to be able to do
je ne sais pas quoi faire I don't know what to do
je vous ferai savoir I'll let you know
à savoir that is, namely
on ne sait jamais you never can tell

sentir to smell; to feel

<table>
<tr><td colspan="2">

PRESENT

je	sens
tu	sens
il	sent
nous	sentons
vous	sentez
ils	sentent

</td><td colspan="2">

IMPERFECT

je	sentais
tu	sentais
il	sentait
nous	sentions
vous	sentiez
ils	sentaient

</td></tr>
</table>

IMPERATIVE

sens
sentons
sentez

FUTURE

je	sentirai
tu	sentiras
il	sentira
nous	sentirons
vous	sentirez
ils	sentiront

PRESENT PARTICIPLE

sentant

PLE

CONDITIONAL

je	sentirais
tu	sentirais
il	sentirait
nous	sentirions
vous	sentiriez
ils	sentiraient

sentir to smell; to feel 92

PAST HISTORIC		PRESENT SUBJUNCTIVE	
je	sentis	je	sente
tu	sentis	tu	sentes
il	sentit	il	sente
nous	sentîmes	nous	sentions
vous	sentîtes	vous	sentiez
ils	sentirent	ils	sentent

PERFECT		PAST SUBJUNCTIVE	
j'	ai senti	je	sentisse
tu	as senti	tu	sentisses
il	a senti	il	sentît
nous	avons senti	nous	sentissions
vous	avez senti	vous	sentissiez
ils	ont senti	ils	sentissent

·············· CONSTRUCTIONS ··············

sentir bon/mauvais to smell good *or* nice/bad
j'ai senti s'arrêter la voiture I felt the car stopping
se sentir mal/mieux to feel ill/better

·············· SIMILAR VERBS ··············

consentir to agree   **démentir** to deny   **mentir** to '
ressentir to feel

197

93 servir to serve

<table>
<tr><td colspan="2">PRESENT</td><td colspan="2">IMPERFECT</td></tr>
<tr><td>je</td><td>sers</td><td>je</td><td>servais</td></tr>
<tr><td>tu</td><td>sers</td><td>tu</td><td>servais</td></tr>
<tr><td>il</td><td>sert</td><td>il</td><td>servait</td></tr>
<tr><td>nous</td><td>servons</td><td>nous</td><td>servions</td></tr>
<tr><td>vous</td><td>servez</td><td>vous</td><td>serviez</td></tr>
<tr><td>ils</td><td>servent</td><td>ils</td><td>servaient</td></tr>
</table>

<table>
<tr><td colspan="2">IMPERATIVE</td><td colspan="2">FUTURE</td></tr>
<tr><td></td><td>sers</td><td>je</td><td>servirai</td></tr>
<tr><td></td><td>servons</td><td>tu</td><td>serviras</td></tr>
<tr><td></td><td>servez</td><td>il</td><td>servira</td></tr>
<tr><td></td><td></td><td>nous</td><td>servirons</td></tr>
<tr><td></td><td></td><td>vous</td><td>servirez</td></tr>
<tr><td></td><td></td><td>ils</td><td>serviront</td></tr>
</table>

<table>
<tr><td colspan="2">PRESENT PARTICIPLE</td><td colspan="2">CONDITIONAL</td></tr>
<tr><td></td><td></td><td>je</td><td>servirais</td></tr>
<tr><td></td><td></td><td>tu</td><td>servirais</td></tr>
<tr><td></td><td></td><td>il</td><td>servirait</td></tr>
<tr><td></td><td></td><td>nous</td><td>servirions</td></tr>
<tr><td></td><td></td><td>vous</td><td>serviriez</td></tr>
<tr><td></td><td></td><td>ils</td><td>serviraient</td></tr>
</table>

servir to serve 93

PAST HISTORIC	
je	servis
tu	servis
il	servit
nous	servîmes
vous	servîtes
ils	servirent

PRESENT SUBJUNCTIVE	
je	serve
tu	serves
il	serve
nous	servions
vous	serviez
ils	servent

PERFECT	
j'	ai servi
tu	as servi
il	a servi
nous	avons servi
vous	avez servi
ils	ont servi

PAST SUBJUNCTIVE	
je	servisse
tu	servisses
il	servît
nous	servissions
vous	servissiez
ils	servissent

·············· CONSTRUCTIONS ··············

servir un plat à qn to serve sb with a dish
servir à qn/à qch to be useful to sb/for sth
servir à faire to be used for doing
à quoi sert de pleurer? what's the use of crying?
servir de to act as; to serve as
se servir d'un plat to help oneself to a dish

94 songer to think

PRESENT		IMPERFECT	
je	songe	je	songeais
tu	songes	tu	songeais
il	songe	il	songeait
nous	songeons	nous	songions
vous	songez	vous	songiez
ils	songent	ils	songeaient

IMPERATIVE		FUTURE	
	songe	je	songerai
	songeons	tu	songeras
	songez	il	songera
		nous	songerons
		vous	songerez
		ils	songeront

PRESENT PARTICIPLE		CONDITIONAL	
		je	songerais
		tu	songerais
		il	songerait
		nous	songerions
		vous	songeriez
		ils	songeraient

PAST HISTORIC		PRESENT SUBJUNCTIVE	
je	songeai	je	songe
tu	songeas	tu	songes
il	songea	il	songe
nous	songeâmes	nous	songions
vous	songeâtes	vous	songiez
ils	songèrent	ils	songent

PERFECT		PAST SUBJUNCTIVE	
j'	ai songé	je	songeasse
tu	as songé	tu	songeasses
il	a songé	il	songeât
nous	avons songé	nous	songeassions
vous	avez songé	vous	songeassiez
ils	ont songé	ils	songeassent

.... CONSTRUCTIONS ....

songer à qch to think sth over; to think of sth
songer à faire qch to contemplate doing sth

.... SIMILAR VERBS ....

plonger to dive   **prolonger** to prolong
rallonger to lengthen   **ronger** to gnaw

sortir to go out

<table>
<tr><td colspan="2">PRESENT</td><td colspan="2">IMPERFECT</td></tr>
<tr><td>je</td><td>sors</td><td>je</td><td>sortais</td></tr>
<tr><td>tu</td><td>sors</td><td>tu</td><td>sortais</td></tr>
<tr><td>il</td><td>sort</td><td>il</td><td>sortait</td></tr>
<tr><td>nous</td><td>sortons</td><td>nous</td><td>sortions</td></tr>
<tr><td>vous</td><td>sortez</td><td>vous</td><td>sortiez</td></tr>
<tr><td>ils</td><td>sortent</td><td>ils</td><td>sortaient</td></tr>
</table>

IMPERATIVE
sors
sortons
sortez

FUTURE	
je	sortirai
tu	sortiras
il	sortira
nous	sortirons
vous	sortirez
ils	sortiront

PRESENT PARTICIPLE
sortant

PAST PARTICIPLE
sorti

CONDITIONAL	
je	sortirais
tu	sortirais
il	sortirait
nous	sortirions
vous	sortiriez
ils	sortiraient

sortir to go out (95)

<table>
<tr><td colspan="2">PAST HISTORIC</td><td colspan="2">PRESENT SUBJUNCTIVE</td></tr>
<tr><td>je</td><td>sortis</td><td>je</td><td>sorte</td></tr>
<tr><td>tu</td><td>sortis</td><td>tu</td><td>sortes</td></tr>
<tr><td>il</td><td>sortit</td><td>il</td><td>sorte</td></tr>
<tr><td>nous</td><td>sortîmes</td><td>nous</td><td>sortions</td></tr>
<tr><td>vous</td><td>sortîtes</td><td>vous</td><td>sortiez</td></tr>
<tr><td>ils</td><td>sortirent</td><td>ils</td><td>sortent</td></tr>
</table>

<table>
<tr><td colspan="2">PERFECT</td><td colspan="2">PAST SUBJUNCTIVE</td></tr>
<tr><td>je</td><td>suis sorti</td><td>je</td><td>sortisse</td></tr>
<tr><td>tu</td><td>es sorti</td><td>tu</td><td>sortisses</td></tr>
<tr><td>il</td><td>est sorti</td><td>il</td><td>sortît</td></tr>
<tr><td>nous</td><td>sommes sortis</td><td>nous</td><td>sortissions</td></tr>
<tr><td>vous</td><td>êtes sorti(s)</td><td>vous</td><td>sortissiez</td></tr>
<tr><td>ils</td><td>sont sortis</td><td>ils</td><td>sortissent</td></tr>
</table>

.... CONSTRUCTIONS ....

sortir d'une pièce/d'un pays to go (or come) out of a
room/leave a country
il a sorti la voiture du garage he got the car out of the garage
sortir le chien to take the dog out

.... SIMILAR VERBS ....

ressortir to stand out

96   se souvenir   to remember

PRESENT	
je	me souviens
tu	te souviens
il	se souvient
nous	nous souvenons
vous	vous souvenez
ils	se souviennent

IMPERFECT	
je	me souvenais
tu	te souvenais
il	se souvenait
nous	nous souvenions
vous	vous souveniez
ils	se souvenaient

IMPERATIVE

souviens-toi

souvenons-nous

souvenez-vous

FUTURE	
je	me souviendrai
tu	te souviendras
il	se souviendra
nous	nous souviendrons
vous	vous souviendrez
ils	se souviendront

PRESENT PARTICIPLE

se souvenant

PAST PARTICIPLE

souvenu

CONDITIONAL	
je	me souviendrais
tu	te souviendrais
il	se souviendrait
nous	nous souviendrions
vous	vous souviendriez
ils	se souviendraient

se souvenir to remember

PAST HISTORIC	
je	me souvins
tu	te souvins
il	se souvint
nous	nous souvînmes
vous	vous souvîntes
ils	se souvinrent

PRESENT SUBJUNCTIVE	
je	me souvienne
tu	te souviennes
il	se souvienne
nous	nous souvenions
vous	vous souveniez
ils	se souviennent

PERFECT	
je	me suis souvenu
tu	t'es souvenu
il	s'est souvenu
nous	nous sommes souvenus
vous	vous êtes souvenu(s)
ils	se sont souvenus

PAST SUBJUNCTIVE	
je	me souvinsse
tu	te souvinsses
il	se souvînt
nous	nous souvinssions
vous	vous souvinssiez
ils	se souvinssent

.... CONSTRUCTIONS ....

se souvenir de qn/qch to remember sb/sth
se souvenir d'avoir fait qch to remember doing sth

97 suffire to be enough

PRESENT	
je	**suffis**
tu	**suffis**
il	**suffit**
nous	**suffisons**
vous	**suffisez**
ils	**suffisent**

IMPERFECT	
je	**suffisais**
tu	**suffisais**
il	**suffisait**
nous	**suffisions**
vous	**suffisiez**
ils	**suffisaient**

IMPERATIVE
suffis
suffisons
suffisez

FUTURE	
je	**suffirai**
tu	**suffiras**
il	**suffira**
nous	**suffirons**
vous	**suffirez**
ils	**suffiront**

PRESENT PARTICIPLE
suffisant

PAST PARTICIPLE
suffi

CONDITIONAL	
je	**suffirais**
tu	**suffirais**
il	**suffirait**
nous	**suffirions**
vous	**suffiriez**
ils	**suffiraient**

suffire to be enough

PAST HISTORIC	
je	suffis
tu	suffis
il	suffit
nous	suffîmes
vous	suffîtes
ils	suffirent

PRESENT SUBJUNCTIVE	
je	suffise
tu	suffises
il	suffise
nous	suffisions
vous	suffisiez
ils	suffisent

PERFECT	
j'	ai suffi
tu	as suffi
il	a suffi
nous	avons suffi
vous	avez suffi
ils	ont suffi

PAST SUBJUNCTIVE	
je	suffisse
tu	suffisses
il	suffît
nous	suffissions
vous	suffissiez
ils	suffissent

.... CONSTRUCTIONS ....

suffire à *or* **pour faire** to be sufficient *or* enough to do
suffire à qn to be enough for sb
(ça) suffit! that's enough!, that will do!
il suffit de 2 heures pour y aller 2 hours is enough to get there

98　suivre to follow

<table>
<tr><td colspan="2">PRESENT</td><td colspan="2">IMPERFECT</td></tr>
<tr><td>je</td><td>suis</td><td>je</td><td>suivais</td></tr>
<tr><td>tu</td><td>suis</td><td>tu</td><td>suivais</td></tr>
<tr><td>il</td><td>suit</td><td>il</td><td>suivait</td></tr>
<tr><td>nous</td><td>suivons</td><td>nous</td><td>suivions</td></tr>
<tr><td>vous</td><td>suivez</td><td>vous</td><td>suiviez</td></tr>
<tr><td>ils</td><td>suivent</td><td>ils</td><td>suivaient</td></tr>
</table>

<table>
<tr><td colspan="2">IMPERATIVE</td><td colspan="2">FUTURE</td></tr>
<tr><td colspan="2">suis</td><td>je</td><td>suivrai</td></tr>
<tr><td colspan="2">suivons</td><td>tu</td><td>suivras</td></tr>
<tr><td colspan="2">suivez</td><td>il</td><td>suivra</td></tr>
<tr><td colspan="2"></td><td>nous</td><td>suivrons</td></tr>
<tr><td colspan="2"></td><td>vous</td><td>suivrez</td></tr>
<tr><td colspan="2"></td><td>ils</td><td>suivront</td></tr>
</table>

<table>
<tr><td colspan="2">PRESENT PARTICIPLE</td><td colspan="2">CONDITIONAL</td></tr>
<tr><td colspan="2">suivant</td><td>je</td><td>suivrais</td></tr>
<tr><td colspan="2"></td><td>tu</td><td>suivrais</td></tr>
<tr><td colspan="2">PAST PARTICIPLE</td><td>il</td><td>suivrait</td></tr>
<tr><td colspan="2">suivi</td><td>nous</td><td>suivrions</td></tr>
<tr><td colspan="2"></td><td>vous</td><td>suivriez</td></tr>
<tr><td colspan="2"></td><td>ils</td><td>suivraient</td></tr>
</table>

suivre to follow

PAST HISTORIC	
je	suivis
tu	suivis
il	suivit
nous	suivîmes
vous	suivîtes
ils	suivirent

PRESENT SUBJUNCTIVE	
je	suive
tu	suives
il	suive
nous	suivions
vous	suiviez
ils	suivent

PERFECT	
j'	ai suivi
tu	as suivi
il	a suivi
nous	avons suivi
vous	avez suivi
ils	ont suivi

PAST SUBJUNCTIVE	
je	suivisse
tu	suivisses
il	suivît
nous	suivissions
vous	suivissiez
ils	suivissent

······· CONSTRUCTIONS ·······

suivre un régime to be on a diet
suivre une classe to attend a class
faire suivre son courrier to have one's mail forwarded

······· SIMILAR VERBS ·······

poursuivre to pursue

99 surseoir to defer

PRESENT

je	sursois
tu	sursois
il	sursoit
nous	sursoyons
vous	sursoyez
ils	sursoient

IMPERFECT

je	sursoyais
tu	sursoyais
il	sursoyait
nous	sursoyions
vous	sursoyiez
ils	sursoyaient

IMPERATIVE

sursois
sursoyons
sursoyez

FUTURE

je	surseoirai
tu	surseoiras
il	surseoira
nous	surseoirons
vous	surseoirez
ils	surseoiront

PRESENT PARTICIPLE

sursoyant

PAST PARTICIPLE

sursis

CONDITIONAL

je	surseoirais
tu	surseoirais
il	surseoirait
nous	surseoirions
vous	surseoiriez
ils	surseoiraient

surseoir to defer

PAST HISTORIC		PRESENT SUBJUNCTIVE
je	sursis	je	sursoie
tu	sursis	tu	sursoies
il	sursit	il	sursoie
nous	sursîmes	nous	sursoyions
vous	sursîtes	vous	sursoyiez
ils	sursirent	ils	sursoient

PERFECT		PAST SUBJUNCTIVE
j'	ai sursis	je	sursisse
tu	as sursis	tu	sursisses
il	a sursis	il	sursît
nous	avons sursis	nous	sursissions
vous	avez sursis	vous	sursissiez
ils	ont sursis	ils	sursissent

.... CONSTRUCTIONS ....

surseoir à qch to defer *or* postpone sth

100 · se taire to stop talking

PRESENT	
je	me tais
tu	te tais
il	se tait
nous	nous taisons
vous	vous taisez
ils	se taisent

IMPERFECT	
je	me taisais
tu	te taisais
il	se taisait
nous	nous taisions
vous	vous taisiez
ils	se taisaient

IMPERATIVE
tais-toi
taisons-nous
taisez-vous

FUTURE	
je	me tairai
tu	te tairas
il	se taira
nous	nous tairons
vous	vous tairez
ils	se tairont

PRESENT PARTICIPLE
se taisant

PAST PARTICIPLE
tu

CONDITIONAL	
je	me tairais
tu	te tairais
il	se tairait
nous	nous tairions
vous	vous tairiez
ils	se tairaient

se taire to stop talking (100)

PAST HISTORIC	
je	me tus
tu	te tus
il	se tut
nous	nous tûmes
vous	vous tûtes
ils	se turent

PRESENT SUBJUNCTIVE	
je	me taise
tu	te taises
il	se taise
nous	nous taisions
vous	vous taisiez
ils	se taisent

PERFECT	
je	me suis tu
tu	t'es tu
il	s'est tu
nous	nous sommes tus
vous	vous êtes tu(s)
ils	se sont tus

PAST SUBJUNCTIVE	
je	me tusse
tu	te tusses
il	se tût
nous	nous tussions
vous	vous tussiez
ils	se tussent

.... CONSTRUCTIONS ....

ils se sont tus they stopped talking
taisez-vous! be quiet!
se taire sur qch to keep quiet about sth

tenir to hold

PRESENT	
je	tiens
tu	tiens
il	tient
nous	tenons
vous	tenez
ils	tiennent

IMPERFECT	
je	tenais
tu	tenais
il	tenait
nous	tenions
vous	teniez
ils	tenaient

IMPERATIVE
tiens
tenons
tenez

FUTURE	
je	tiendrai
tu	tiendras
il	tiendra
nous	tiendrons
vous	tiendrez
ils	tiendront

PRESENT PARTICIPLE
tenant

PAST PARTICIPLE
tenu

CONDITIONAL	
je	tiendrais
tu	tiendrais
il	tiendrait
nous	tiendrions
vous	tiendriez
ils	tiendraient

tenir to hold (101)

PAST HISTORIC		PRESENT SUBJUNCTIVE	
je	tins	je	tienne
tu	tins	tu	tiennes
il	tint	il	tienne
nous	tînmes	nous	tenions
vous	tîntes	vous	teniez
ils	tinrent	ils	tiennent

PERFECT		PAST SUBJUNCTIVE	
j'	ai tenu	je	tinsse
tu	as tenu	tu	tinsses
il	a tenu	il	tînt
nous	avons tenu	nous	tinssions
vous	avez tenu	vous	tinssiez
ils	ont tenu	ils	tinssent

.... CONSTRUCTIONS ....

tenir à to be attached to; to care about
tenir à faire to be keen to do
il ne tient qu'à vous de décider it's up to you to decide
se tenir to stand; to take place
être tenu de faire to be obliged to do

.... SIMILAR VERBS ....

appartenir to belong   **contenir** to contain
entretenir to maintain   **soutenir** to support

215

tomber to fall

PRESENT	
je	tombe
tu	tombes
il	tombe
nous	tombons
vous	tombez
ils	tombent

IMPERFECT	
je	tombais
tu	tombais
il	tombait
nous	tombions
vous	tombiez
ils	tombaient

IMPERATIVE
tombe
tombons
tombez

FUTURE	
je	tomberai
tu	tomberas
il	tombera
nous	tomberons
vous	tomberez
ils	tomberont

PRESENT PARTICIPLE
tombant

PAST PARTICIPLE
tombé

CONDITIONAL	
je	tomberais
tu	tomberais
il	tomberait
nous	tomberions
vous	tomberiez
ils	tomberaient

tomber to fall (102)

PAST HISTORIC		PRESENT SUBJUNCTIVE	
je	tombai	je	tombe
tu	tombas	tu	tombes
il	tomba	il	tombe
nous	tombâmes	nous	tombions
vous	tombâtes	vous	tombiez
ils	tombèrent	ils	tombent

PERFECT		PAST SUBJUNCTIVE	
je	suis tombé	je	tombasse
tu	es tombé	tu	tombasses
il	est tombé	il	tombât
nous	sommes tombés	nous	tombassions
vous	êtes tombé(s)	vous	tombassiez
ils	sont tombés	ils	tombassent

.... CONSTRUCTIONS ....

tomber de bicyclette/cheval to fall off one's bicycle/horse
laisser tomber qch to drop sth
faire tomber to knock over; to knock down
tomber malade/amoureux to fall ill/in love
tomber sur to come across

.... SIMILAR VERBS ....

retomber to fall back

traduire to translate

PRESENT	
je	traduis
tu	traduis
il	traduit
nous	traduisons
vous	traduisez
ils	traduisent

IMPERFECT	
je	traduisais
tu	traduisais
il	traduisait
nous	traduisions
vous	traduisiez
ils	traduisaient

IMPERATIVE
traduis
traduisons
traduisez

FUTURE	
je	traduirai
tu	traduiras
il	traduira
nous	traduirons
vous	traduirez
ils	traduiront

PRESENT PARTICIPLE
traduisant

PAST PARTICIPLE
traduit

CONDITIONAL	
je	traduirais
tu	traduirais
il	traduirait
nous	traduirions
vous	traduiriez
ils	traduiraient

traduire to translate (103)

PAST HISTORIC	
je	traduisis
tu	traduisis
il	traduisit
nous	traduisîmes
vous	traduisîtes
ils	traduisirent

PRESENT SUBJUNCTIVE	
je	traduise
tu	traduises
il	traduise
nous	traduisions
vous	traduisiez
ils	traduisent

PERFECT	
j'	ai traduit
tu	as traduit
il	a traduit
nous	avons traduit
vous	avez traduit
ils	ont traduit

PAST SUBJUNCTIVE	
je	traduisisse
tu	traduisisses
il	traduisît
nous	traduisissions
vous	traduisissiez
ils	traduisissent

········· CONSTRUCTIONS ·····························

traduit en/du français translated into/from French

PRESENT	
je	trais
tu	trais
il	trait
nous	trayons
vous	trayez
ils	traient

IMPERFECT	
je	trayais
tu	trayais
il	trayait
nous	trayions
vous	trayiez
ils	trayaient

IMPERATIVE
trais
trayons
trayez

FUTURE	
je	trairai
tu	trairas
il	traira
nous	trairons
vous	trairez
ils	trairont

PRESENT PARTICIPLE
trayant

PAST PARTICIPLE
trait

CONDITIONAL	
je	trairais
tu	trairais
il	trairait
nous	trairions
vous	trairiez
ils	trairaient

traire to milk 104

PAST HISTORIC	
not used	

PRESENT SUBJUNCTIVE	
je	traie
tu	traies
il	traie
nous	trayions
vous	trayiez
ils	traient

PERFECT	
j'	ai trait
tu	as trait
il	a trait
nous	avons trait
vous	avez trait
ils	ont trait

PAST SUBJUNCTIVE	
not used	

.... SIMILAR VERBS ....

distraire to distract   **extraire** to extract   **soustraire** to subtract

105   vaincre to defeat

PRESENT	
je	vaincs
tu	vaincs
il	vainc
nous	vainquons
vous	vainquez
ils	vainquent

IMPERFECT	
je	vainquais
tu	vainquais
il	vainquait
nous	vainquions
vous	vainquiez
ils	vainquaient

IMPERATIVE
vaincs
vainquons
vainquez

FUTURE	
je	vaincrai
tu	vaincras
il	vaincra
nous	vaincrons
vous	vaincrez
ils	vaincront

PRESENT PARTICIPLE
vainquant

PAST PARTICIPLE
vaincu

CONDITIONAL	
je	vaincrais
tu	vaincrais
il	vaincrait
nous	vaincrions
vous	vaincriez
ils	vaincraient

vaincre to defeat

PAST HISTORIC	
je	vainquis
tu	vainquis
il	vainquit
nous	vainquîmes
vous	vainquîtes
ils	vainquirent

PRESENT SUBJUNCTIVE	
je	vainque
tu	vainques
il	vainque
nous	vainquions
vous	vainquiez
ils	vainquent

PERFECT	
j'	ai vaincu
tu	as vaincu
il	a vaincu
nous	avons vaincu
vous	avez vaincu
ils	ont vaincu

PAST SUBJUNCTIVE	
je	vainquisse
tu	vainquisses
il	vainquît
nous	vainquissions
vous	vainquissiez
ils	vainquissent

.... CONSTRUCTIONS ....

s'avouer vaincu to admit defeat

.... SIMILAR VERBS ....

convaincre to convince

valoir to be worth

PRESENT		IMPERFECT	
je	vaux	je	valais
tu	vaux	tu	valais
il	vaut	il	valait
nous	valons	nous	valions
vous	valez	vous	valiez
ils	valent	ils	valaient

IMPERATIVE	FUTURE	
vaux	je	vaudrai
valons	tu	vaudras
valez	il	vaudra
	nous	vaudrons
	vous	vaudrez
	ils	vaudront

PRESENT PARTICIPLE

valant

PAST PARTICIPLE	CONDITIONAL	
valu	je	vaudrais
	tu	vaudrais
	il	vaudrait
	nous	vaudrions
	vous	vaudriez
	ils	vaudraient

valoir to be worth (106)

<table>
<tr><td colspan="2">

PAST HISTORIC

je	**valus**
tu	**valus**
il	**valut**
nous	**valûmes**
vous	**valûtes**
ils	**valurent**

</td><td colspan="2">

PRESENT SUBJUNCTIVE

je	**vaille**
tu	**vailles**
il	**vaille**
nous	**valions**
vous	**valiez**
ils	**vaillent**

</td></tr>
<tr><td colspan="2">

PERFECT

j'	**ai valu**
tu	**as valu**
il	**a valu**
nous	**avons valu**
vous	**avez valu**
ils	**ont valu**

</td><td colspan="2">

PAST SUBJUNCTIVE

je	**valusse**
tu	**valusses**
il	**valût**
nous	**valussions**
vous	**valussiez**
ils	**valussent**

</td></tr>
</table>

·············· CONSTRUCTIONS ··

valoir cher/10F to be worth a lot/10F
cet outil ne vaut rien this tool is useless
il vaut mieux se taire it's better to say nothing
ce film vaut la peine d'être vu this film is worth seeing

107 · vendre to sell

PRESENT	
je	vends
tu	vends
il	vend
nous	vendons
vous	vendez
ils	vendent

IMPERFECT	
je	vendais
tu	vendais
il	vendait
nous	vendions
vous	vendiez
ils	vendaient

IMPERATIVE
vends
vendons
vendez

FUTURE	
je	vendrai
tu	vendras
il	vendra
nous	vendrons
vous	vendrez
ils	vendront

PRESENT PARTICIPLE
vendant

PAST PARTICIPLE
vendu

CONDITIONAL	
je	vendrais
tu	vendrais
il	vendrait
nous	vendrions
vous	vendriez
ils	vendraient

vendre to sell (107)

<table>
<tr><td>

PAST HISTORIC

je	vendis
tu	vendis
il	vendit
nous	vendîmes
vous	vendîtes
ils	vendirent

</td><td>

PRESENT SUBJUNCTIVE

je	vende
tu	vendes
il	vende
nous	vendions
vous	vendiez
ils	vendent

</td></tr>
<tr><td>

PERFECT

j'	ai vendu
tu	as vendu
il	a vendu
nous	avons vendu
vous	avez vendu
ils	ont vendu

</td><td>

PAST SUBJUNCTIVE

je	vendisse
tu	vendisses
il	vendît
nous	vendissions
vous	vendissiez
ils	vendissent

</td></tr>
</table>

·············· CONSTRUCTIONS ··································

vendre qch à qn to sell sb sth
il me l'a vendu 10F he sold it to me for 10F
'à vendre' 'for sale'
ils se vendent à la pièce/douzaine they are sold singly/by the dozen

·············· SIMILAR VERBS ··································

défendre to defend	**dépendre** to depend	**entendre** to hear
pendre to hang	**répandre** to spread	**tendre** to stretch

227

PRESENT

je	viens
tu	viens
il	vient
nous	venons
vous	venez
ils	viennent

IMPERFECT

je	venais
tu	venais
il	venait
nous	venions
vous	veniez
ils	venaient

IMPERATIVE

viens
venons
venez

FUTURE

je	viendrai
tu	viendras
il	viendra
nous	viendrons
vous	viendrez
ils	viendront

PRESENT PARTICIPLE

venant

PAST PARTICIPLE

venu

CONDITIONAL

je	viendrais
tu	viendrais
il	viendrait
nous	viendrions
vous	viendriez
ils	viendraient

venir to come 108

PAST HISTORIC		PRESENT SUBJUNCTIVE	
je	vins	je	vienne
tu	vins	tu	viennes
il	vint	il	vienne
nous	vînmes	nous	venions
vous	vîntes	vous	veniez
ils	vinrent	ils	viennent

PERFECT		PAST SUBJUNCTIVE	
je	suis venu	je	vinsse
tu	es venu	tu	vinsses
il	est venu	il	vînt
nous	sommes venus	nous	vinssions
vous	êtes venu(s)	vous	vinssiez
ils	sont venus	ils	vinssent

············· CONSTRUCTIONS ·······································

venir de Paris to come from Paris
faire venir qn to call *or* send for sb
venir de faire qch to have just done sth
en venir à faire qch to be reduced to doing sth

············· SIMILAR VERBS ·······································

intervenir to intervene   **parvenir** to succeed   **survenir** to occur

229

vêtir to dress

PRESENT	
je	vêts
tu	vêts
il	vêt
nous	vêtons
vous	vêtez
ils	vêtent

IMPERFECT	
je	vêtais
tu	vêtais
il	vêtait
nous	vêtions
vous	vêtiez
ils	vêtaient

IMPERATIVE
vêts
vêtons
vêtez

FUTURE	
je	vêtirai
tu	vêtiras
il	vêtira
nous	vêtirons
vous	vêtirez
ils	vêtiront

PRESENT PARTICIPLE
vêtant

PAST PARTICIPLE
vêtu

CONDITIONAL	
je	vêtirais
tu	vêtirais
il	vêtirait
nous	vêtirions
vous	vêtiriez
ils	vêtiraient

vêtir to dress 109

PAST HISTORIC	
je	vêtis
tu	vêtis
il	vêtit
nous	vêtîmes
vous	vêtîtes
ils	vêtirent

PRESENT SUBJUNCTIVE	
je	vête
tu	vêtes
il	vête
nous	vêtions
vous	vêtiez
ils	vêtent

PERFECT	
j'	ai vêtu
tu	as vêtu
il	a vêtu
nous	avons vêtu
vous	avez vêtu
ils	ont vêtu

PAST SUBJUNCTIVE	
je	vêtisse
tu	vêtisses
il	vêtît
nous	vêtissions
vous	vêtissiez
ils	vêtissent

·············· CONSTRUCTIONS ··············

vêtu d'un pantalon et d'un chandail wearing trousers and a
sweater
se vêtir to dress

·············· SIMILAR VERBS ··············

revêtir to put on

231

PRESENT		IMPERFECT	
je	vis	je	vivais
tu	vis	tu	vivais
il	vit	il	vivait
nous	vivons	nous	vivions
vous	vivez	vous	viviez
ils	vivent	ils	vivaient

IMPERATIVE	FUTURE	
vis	je	vivrai
vivons	tu	vivras
vivez	il	vivra
	nous	vivrons
	vous	vivrez
	ils	vivront

PRESENT PARTICIPLE	CONDITIONAL	
vivant	je	vivrais
	tu	vivrais
	il	vivrait
PAST PARTICIPLE	nous	vivrions
vécu	vous	vivriez
	ils	vivraient

vivre to live (110)

PAST HISTORIC	
je	vécus
tu	vécus
il	vécut
nous	vécûmes
vous	vécûtes
ils	vécurent

PRESENT SUBJUNCTIVE	
je	vive
tu	vives
il	vive
nous	vivions
vous	viviez
ils	vivent

PERFECT	
j'	ai vécu
tu	as vécu
il	a vécu
nous	avons vécu
vous	avez vécu
ils	ont vécu

PAST SUBJUNCTIVE	
je	vécusse
tu	vécusses
il	vécût
nous	vécussions
vous	vécussiez
ils	vécussent

.... CONSTRUCTIONS ....

il vit à la campagne/en France he lives in the country/in France
vivre de rentes/légumes to live on a private income/on
vegetables
il est facile/difficile à vivre he's easy/difficult to get on with

.... SIMILAR VERBS ....

survivre to survive

233

voir to see

PRESENT	
je	vois
tu	vois
il	voit
nous	voyons
vous	voyez
ils	voient

IMPERFECT	
je	voyais
tu	voyais
il	voyait
nous	voyions
vous	voyiez
ils	voyaient

IMPERATIVE
vois
voyons
voyez

FUTURE	
je	verrai
tu	verras
il	verra
nous	verrons
vous	verrez
ils	verront

PRESENT PARTICIPLE
voyant

PAST PARTICIPLE
vu

CONDITIONAL	
je	verrais
tu	verrais
il	verrait
nous	verrions
vous	verriez
ils	verraient

PAST HISTORIC		PRESENT SUBJUNCTIVE	
je	vis	je	voie
tu	vis	tu	voies
il	vit	il	voie
nous	vîmes	nous	voyions
vous	vîtes	vous	voyiez
ils	virent	ils	voient

PERFECT		PAST SUBJUNCTIVE	
j'	ai vu	je	visse
tu	as vu	tu	visses
il	a vu	il	vît
nous	avons vu	nous	vissions
vous	avez vu	vous	vissiez
ils	ont vu	ils	vissent

·············· CONSTRUCTIONS ··············

aller voir qn to go and see sb
faire voir qch to show sth
on verra bien we'll soon see
ça n'a rien à voir avec notre problème it's got nothing to do with our problem
voyons! come now!

·············· SIMILAR VERBS ··············

entrevoir to catch a glimpse of   **revoir** to revise

235

PRESENT		IMPERFECT	
je	**veux**	je	**voulais**
tu	**veux**	tu	**voulais**
il	**veut**	il	**voulait**
nous	**voulons**	nous	**voulions**
vous	**voulez**	vous	**vouliez**
ils	**veulent**	ils	**voulaient**

IMPERATIVE	FUTURE	
veuille	je	**voudrai**
veuillons	tu	**voudras**
veuillez	il	**voudra**
	nous	**voudrons**
	vous	**voudrez**
	ils	**voudront**

PRESENT PARTICIPLE	CONDITIONAL	
voulant	je	**voudrais**
	tu	**voudrais**
PAST PARTICIPLE	il	**voudrait**
voulu	nous	**voudrions**
	vous	**voudriez**
	ils	**voudraient**

vouloir to want (112)

PAST HISTORIC	
je	voulus
tu	voulus
il	voulut
nous	voulûmes
vous	voulûtes
ils	voulurent

PRESENT SUBJUNCTIVE	
je	veuille
tu	veuilles
il	veuille
nous	voulions
vous	vouliez
ils	veuillent

PERFECT	
j'	ai voulu
tu	as voulu
il	a voulu
nous	avons voulu
vous	avez voulu
ils	ont voulu

PAST SUBJUNCTIVE	
je	voulusse
tu	voulusses
il	voulût
nous	voulussions
vous	voulussiez
ils	voulussent

.... *CONSTRUCTIONS* ....

vouloir faire qch to want to do sth
je veux bien le faire I'm happy to do it; I don't mind doing it
en vouloir à qn to have something against sb
vouloir dire to mean

237

INDEX

(a) Each verb is numerically cross-referred to one of the 112 verb models shown in bold type. Defective verbs, however, are cross-referred to page 13.

(b) All entries are arranged in alphabetical order; for alphabetisation purposes, pronouns are not included: s'asseoir, se taire etc appear as asseoir (s'), taire (se) etc.

(c) With the exception of those verbs which are individually marked (see note (d)), and of Reflexive and Reciprocal verbs which are always conjugated with être, a verb's auxiliary is that of its verb model.

(d) Superior numbers refer you to notes on page 256, which outline how the verb deviates from its verb model.

(e) An asterisk (*) indicates that the verb is conjugated with être when intransitive and avoir when transitive.

239

chuchoter	36	complimenter	36	constater	3
circoncire[8]	97	compliquer	36	consterner	3
circonscrire	38	comporter	36	constituer	3
circonvenir[1]	108	composer	36	construire	2
circuler	36	composter	36	consulter	3
cirer	36	**comprendre**	**16**	contacter	3
ciseler	1	compromettre	79	contaminer	3
citer	36	compter	36	contempler	3
clarifier	25	concéder	41	contenir	10
classer	36	concentrer	36	contenter	3
classifier	25	concerner	36	conter	3
cligner	36	concevoir	81	contester	3
clignoter	36	concilier	25	continuer	3
clore	**14**	**conclure**	**17**	contraindre	
clouer	36	concourir	21	contrarier	2
coder	36	concurrencer	15	contraster	3
codifier	25	condamner	36	contredire	4
cogner	36	condenser	36	contrefaire	4
coiffer	36	condescendre[1]	31	contrevenir[1]	10
coincer	15	**conduire**	**18**	contribuer	3
coïncider	36	conférer	41	contrôler	3
collaborer	36	confier	25	convaincre	10
collectionner	36	confire[9]	97	convenir[1]	10
coller	36	confirmer	36	convertir	4
coloniser	36	confisquer	36	convier	2
colorer	36	confondre	84	convoquer	3
colorier	25	conforter	36	coopérer	4
combattre	11	congédier	25	copier	2
combler	36	congeler	1	correspondre	8
commander	36	**connaître**	**19**	corriger	8
commémorer	36	conquérir	2	corrompre	9
commencer	**15**	consacrer	36	corroyer	6
commettre	56	conseiller	36	côtoyer	6
communier	25	consentir	92	coucher	3
communiquer	36	considérer	41	**coudre**	**2**
comparaître	67	consister	36	couler	3
comparer	36	consoler	36	couper	3
compenser	36	consolider	36	courber	3
complaire	74	consommer	36	**courir**	
compléter	41	conspirer	36	coûter	3

couvrir	22	débouttoner	36	décourager	54
cracher	36	débrailler (se)	36	**découvrir**	30
craindre	23	débrancher	36	décréter	41
craquer	36	débrayer	70	décrier	25
créer	24	débrouiller	36	décrire	38
crépir	45	débuter	36	décrocher	36
creuser	36	décaler	36	décroître[10]	27
crever	52	décanter	36	dédaigner	36
cribler	36	décaper	36	dédicacer	15
crier	25	décapoter	36	dédier	25
critiquer	36	décéder[2]	41	dédire	48
crocheter	1	déceler	1	dédommager	54
croire	26	décélérer	41	dédouaner	36
croiser	36	décentraliser	36	dédoubler	36
croître	27	décerner	36	déduire	29
crouler	36	décevoir	81	défaillir[11]	7
croupir	45	déchaîner	36	défaire	43
crucifier	25	décharger	54	défalquer	36
cueillir	28	déchiffrer	36	défavoriser	36
cuire	29	déchiqueter	50	défendre	107
culbuter	36	déchirer	36	déférer	41
cultiver	36	déchoir	page 13	déficeler	4
cumuler	36	décider	36	défier	25
curer	36	décimer	36	défigurer	36
daigner	36	déclamer	36	défiler	36
damner	36	déclarer	36	définir	45
danser	36	déclasser	36	défoncer	15
dater	36	déclencher	36	déformer	36
débarquer	36	décliner	36	défraîchir	45
débarrasser	36	décoder	36	dégager	54
débattre	11	décolérer	41	dégainer	36
débaucher	36	décoller	36	dégauchir	45
débiliter	36	décommander	36	dégazonner	36
débiter	36	déconcerter	36	dégeler	1
déblatérer	41	déconseiller	36	dégénérer	41
débloquer	36	décontracter	36	dégonfler	36
déboîter	36	décorer	36	dégourdir	45
déborder	36	découdre	20	dégoûter	36
déboucher	36	découler	36	dégrader	36
débourser	36	découper	36	dégringoler	36

243

dégriser	36	départager	54	désennuyer	6
déguerpir	45	départir (se)	68	désensibiliser	3
déguiser	36	dépasser	69	désentraver	3
déguster	36	dépayser	36	déséquilibrer	3
déjeter	50	dépecer	52	déserter	3
déjeuner	36	dépêcher	36	désespérer	4
déjouer	36	dépeindre	71	déshabiller	3
délaisser	36	dépendre	107	déshabituer	3
délayer	70	dépenser	36	déshériter	3
déléguer	41	dépérir	45	désigner	3
délibérer	41	dépister	36	désinfecter	3
délier	25	déplacer	15	désintégrer	4
délirer	36	déplaire	74	désintéresser	3
délivrer	36	déplier	25	désintoxiquer	3
déloger	54	déployer	63	désirer	3
demander	36	dépolir	45	désister (se)	3
démanteler	1	déposer	36	désobéir	4
démarquer	36	dépouiller	36	désoler	3
démarrer	36	dépoussiérer	41	désorganiser	3
démêler	36	déprécier	25	désorienter	3
déménager	54	déprendre	78	dessaisir	4
démener (se)	52	déprimer	36	dessécher	4
démentir	92	déraciner	36	desserrer	3
démettre	56	déranger	54	dessiner	3
demeurer[12]	36	déraper	36	destiner	3
démissionner	36	dérégler	41	destituer	3
démolir	45	déroger	54	désunir	4
démonter	157	dérouler	36	détacher	3
démontrer	36	dérouter	36	détailler	3
démultiplier	25	désaccoutumer	36	détecter	3
démunir	45	désagréger	80	déteindre	7
dénaturer	36	désaltérer	41	dételer	3
dénier	25	désamorcer	15	détendre	10
dénigrer	36	désapprendre	5	détenir	10
déniveler	4	désapprouver	36	détériorer	3
dénombrer	36	désassortir	45	déterminer	3
dénoncer	15	désavantager	54	détester	3
dénouer	36	désavouer	36	détordre	5
dépanner	36	**descendre***	**31**	détourner	3
dépaqueter	50	désemparer	36	détraquer	3

émouvoir[15]	61	enjoliver	36	épater		
emparer (s')	36	enlacer	15	épeler		
empêcher	36	enlever	52	éplucher		
empiéter	41	enneiger	54	éponger		
empirer	36	ennuyer	63	épouser		
emplir	45	énoncer	15	épouvanter		
employer	63	enquérir (s')	2	éprendre (s')		
empoisonner	36	enquêter	36	éprendre (s')		
emporter	36	enraciner	36	éprouver		
emprisonner	36	enrager	54	épuiser		
emprunter	36	enregistrer	36	équilibrer		
encadrer	36	enrichir	45	équiper		
encaisser	36	enrouler	36	équivaloir	1	
enchaîner	36	enseigner	36	esclaffer (s')		
enchanter	36	ensevelir	45	escorter		
encombrer	36	ensuivre (s')[3]	98	**espérer**		
encourager	54	entamer	36	esquisser		
encourir	21	entasser	36	esquiver		
endetter	36	entendre	107	essayer		
endoctriner	36	enterrer	36	essorer		
endommager	54	enthousiasmer	36	essouffler		
endormir (s')	37	entourer	36	essuyer		
enduire	29	entraîner	36	estimer		
endurcir	45	entraver	36	estropier		
énerver	36	entrelacer	15	établir		
enfanter	36	entremettre (s')	56	étaler		
enfermer	36	entreprendre	78	étayer		
enfiler	36	**entrer***	**39**	éteindre		
enflammer	36	entretenir	101	étendre	1	
enfler	36	entrevoir	111	éternuer		
enfoncer	15	énumérer	41	étiqueter		
enfouir	45	envahir	45	étirer		
enfreindre	71	envelopper	36	étoffer		
enfuir (s')	46	envisager	54	étonner		
engager	54	envoler (s')	36	étouffer		
engloutir	45	**envoyer**	**40**	étourdir		
engourdir	45	épandre	107	étrangler		
engraisser	36	épanouir	45	**être**		
engueuler	36	épargner	36	étreindre		
enivrer	36	éparpiller	36	étudier		

froncer	15	gravir	45	heurter	36
frotter	36	greffer	36	hocher	36
frustrer	36	grêler	36	honorer	36
fuir	**46**	griffonner	36	horrifier	36
fumer	36	grignoter	36	huer	36
fusiller	36	griller	36	humaniser	36
gâcher	36	grimacer	15	humidifier	36
gagner	36	grimper	36	humilier	36
galoper	36	grincer	15	hurler	36
garantir	45	griser	36	hypnotiser	36
garder	36	grogner	36	idéaliser	36
garer	36	grommeler	4	identifier	36
garnir	45	gronder	36	ignorer	36
gaspiller	36	grossir	45	illuminer	36
gâter	36	grouiller	36	illustrer	36
gauchir	45	grouper	36	imaginer	36
gaufrer	36	guérir	45	imiter	36
gausser (se)	36	guerroyer	63	immigrer	36
geindre	71	guetter	36	immiscer (s')	
geler	1	guider	36	immobiliser	
gémir	45	guinder	36	immoler	
gêner	36	habiller	36	impatienter	
généraliser	36	habiter	36	impliquer	
gérer	41	habituer	36	implorer	
gésir	*page 13*	hacher	36	importer	
giboyer	63	**haïr**	**47**	impressionner	
gifler	36	haleter	1	imprimer	
givrer	36	handicaper	36	improviser	
glacer	15	hanter	36	inaugurer	
glisser	36	harceler	4	inciter	
glorifier	25	harmoniser	36	incliner	
gommer	36	hasarder	36	inclure[18]	
gonfler	36	hâter	36	incommoder	
goûter	36	hausser	36	incorporer	
gouverner	36	héberger	54	incriminer	
gracier	25	hébéter	41	inculper	
grandir	45	hennir	45	indiquer	
gratifier	25	hérisser	36	induire	
gratter	36	hériter	36	infecter	
graver	36	hésiter	36	infester	

248

infirmer	36	invoquer	36	lorgner	36
infliger	54	irriter	36	lotir	45
influencer	15	isoler	36	loucher	36
informer	36	jaillir	45	louer	36
ingénier (s')	25	jaser	36	louper	36
inhaler	36	jaunir	45	louvoyer	63
initier	25	**jeter**	**50**	lubrifier	25
injurier	25	jeûner	36	lutter	36
innover	36	**joindre**	**51**	mâcher	36
inoculer	36	jouer	36	machiner	36
inonder	36	jouir	45	magnifier	25
inquiéter	41	juger	54	maigrir	45
inscrire	38	jumeler	4	maintenir	101
insensibiliser	36	jurer	36	maîtriser	36
insérer	41	justifier	25	majorer	36
insinuer	36	labourer	36	malfaire	43
insister	36	lacer	15	malmener	52
inspecter	36	lâcher	36	maltraiter	36
inspirer	36	laisser	36	**manger**	**54**
installer	36	lamenter (se)	36	manier	25
instituer	36	lancer	15	manifester	36
instruire	29	languir	45	manigancer	15
insulter	36	larmoyer	63	manipuler	36
insurger (s')	54	laver	36	manœuvrer	36
intégrer	41	lécher	41	manquer	36
intensifier	25	légaliser	36	manufacturer	36
intercéder	41	légiférer	41	manutentionner	36
interdire	**48**	lésiner	36	marcher	36
intéresser	36	**lever**	**52**	marier	25
interloquer	36	libérer	41	marquer	36
interroger	54	licencier	25	marteler	1
interrompre	90	lier	25	masquer	36
intervenir	108	ligoter	36	massacrer	36
intituler	36	limer	36	masser	36
intriguer	36	limiter	36	matérialiser	36
introduire	**49**	liquéfier	25	**maudire**	**55**
inventer	36	liquider	36	maugréer	24
invertir	45	**lire**	**53**	mécaniser	36
investir	45	livrer	36	méconnaître	19
inviter	36	loger	54	mécontenter	36

punir	45	rassembler	36	recueillir	2
purifier	25	rasséréner	41	recuire	2
qualifier	25	rassurer	36	reculer	3
quereller	36	rater	36	récupérer	4
questionner	36	rationaliser	36	recycler	3
quêter	36	rattraper	36	redescendre	3
quitter	36	ravir	45	rédiger	5
rabattre	11	ravitailler	36	redire	3
raccommoder	36	réagir	45	redoubler	3
raccompagner	36	réaliser	36	redouter	3
raccorder	36	rebattre	11	redresser	3
raccourcir	45	rebondir	45	réduire	2
raccrocher	36	rebuter	36	refaire	4
racheter	1	receler	1	référer	4
racler	36	recenser	36	refermer	3
racoler	36	**recevoir**	**81**	réfléchir	4
raconter	36	réchapper	36	refléter	4
raffermir	45	réchauffer	36	refondre	8
raffiner	36	rechercher	36	réformer	3
rafler	36	réciter	36	refroidir	3
rafraîchir	45	réclamer	36	réfugier (se)	2
ragaillardir	45	récolter	36	refuser	3
raidir	45	recommander	36	réfuter	3
railler	36	recommencer	15	regagner	3
raisonner	36	récompenser	36	regaillardir	4
rajeunir	45	réconcilier	25	regarder	3
rajouter	36	reconduire	18	régénérer	4
rajuster	36	réconforter	36	régir	3
ralentir	45	reconnaître	19	régler	3
rallier	25	reconquérir	2	régner	3
rallonger	94	reconstruire	29	regretter	3
rallumer	36	reconvertir	45	regrouper	3
ramasser	36	recopier	25	réhabiliter	3
ramener	52	recoudre	20	réhabituer	3
ramollir	45	recourir	21	rehausser	3
ranimer	36	recouvrir	22	réimprimer	3
rappeler	4	récréer	24	réintégrer	3
rapporter	36	récrier (se)	25	rejaillir	4
rapprocher	36	récrire	38	rejeter	4
raser	36	rectifier	25	rejoindre	4

ronger	94	simplifier	25	**suivre**	9
rôtir	45	simuler	36	supplier	2
rougir	45	soigner	36	supposer	3
rouler	36	sombrer	36	surcharger	5
rouspéter	41	sommeiller	36	surenchérir	4
rouvrir	66	**songer**	94	surfaire	4
ruiner	36	sonner	36	surgeler	4
saccager	54	**sortir***	95	surgir	
saisir	45	souffrir	65	surmonter[1]	
salir	45	souhaiter	36	surpasser	
saluer	36	souiller	36	surprendre	
sanctifier	25	soulager	54	**surseoir**	9
sangloter	36	soulever	52	surveiller	
satisfaire	43	souligner	36	survenir	10
sauter	36	soumettre	56	survivre	1
sauvegarder	36	soupçonner	36	susciter	
sauver	36	soupeser	52	suspendre	10
savoir	91	sourire	89	tacher	
scier	25	souscrire	38	tâcher	
scinder	36	sous-entendre	107	tailler	
scintiller	36	soustraire	104	**taire (se)**	10
sécher	41	soutenir	101	taper	
secouer	36	**souvenir (se)**	96	tâter	
secourir	21	spécialiser	36	taxer	
séduire	29	spécifier	25	teindre	
sembler	36	standardiser	36	teinter	
semer	52	stationner	36	téléphoner	
sentir	92	stériliser	36	téléviser	
seoir	*page 13*	stimuler	36	témoigner	
séparer	36	stupéfier	25	tendre	1
serrer	36	subir	45	**tenir**	1
sertir	45	submerger	54	tenter	
servir	93	subsister	36	terminer	
sévir	45	substituer	36	ternir	
sevrer	52	subvenir[1]	108	terrasser	
siéger	80	succéder	41	terrifier	
siffler	36	sucer	15	téter	
signaler	36	suer	36	tiédir	
signer	36	**suffire**	97	timbrer	
signifier	25	suggérer	41	tirer	

olérer	41	tricher	36	verdoyer	63
omber	102	tricoter	36	vérifier	25
ondre	84	trier	25	vernir	45
onner	36	triompher	36	verrouiller	36
ordre	58	tripoter	36	verser	36
orpiller	36	tromper	36	**vêtir**	109
ortiller	36	troquer	36	vexer	36
orturer	36	trotter	36	vibrer	36
oucher	36	troubler	36	vider	36
ourmenter	36	trouer	36	vieillir	45
ourner	36	trouver	36	violer	36
ournoyer	63	truffer	36	virer	36
ousser	36	truquer	36	viser	36
acasser	36	tuer	36	visiter	36
acer	15	tutoyer	63	visser	36
aduire	103	ulcérer	41	vitrifier	25
ahir	45	unifier	25	vitupérer	41
aîner	36	unir	45	vivifier	25
aire	104	urbaniser	36	**vivre**	110
aiter	36	user	36	vociférer	41
anscrire	38	usiner	36	voiler	36
ansférer	41	utiliser	36	**voir**	111
ansformer	36	vacciner	36	voler	36
ansmettre	56	**vaincre**	105	vomir	45
ansparaître	67	**valoir**	106	voter	36
anspirer	36	vanter	36	vouer	36
ansplanter	36	varier	25	**vouloir**	112
ansporter	36	végéter	41	vouvoyer	63
aquer	36	veiller	36	voyager	54
availler	36	vendanger	54	vrombir	45
averser	36	**vendre**	107	vulgariser	36
ébucher	36	venger	54	zébrer	41
embler	36	**venir**	108	zézayer	70
emper	36	verdir	45	zigzaguer	36

NOTES

1) *Auxiliary* = avoir.
2) *Auxiliary* = être.
3) *Only infinitive and 3rd persons of each tense used.*
4) *Past participle*: absous, absoute; *Past Historic and Past Subjunctiv* not used.
5) *Conjugated with either* avoir *or* être.
6) *No circumflex on*: j'accrois, tu accrois, j'accrus, tu accrus, il accru ils accrurent, j'accrusse *etc*, accru.
7) *Hardly used except in infinitive and 3rd persons of Present, Futur and Conditional.*
8) *Past participle*: circoncis.
9) *Past participle*: confit.
10) *As for* (6).
11) *Present tense singular, Future and Conditional tenses least common.*
12) *'To live'*: auxiliary = avoir; *'to remain'*: auxiliary = être.
13) *Past participle*: dissous, dissoute; *Past Historic and Past Subjunctive not used.*
14) *Auxiliary* = être; *NB*: éclot; *hardly used except in 3rd persons.*
15) *Past participle*: ému.
16) *'To prosper'*: present participle = florissant; *Imperfect* = florissait.
17) *Past participle*: frit; *used mainly in singular of Present tense and compound tenses.*
18) *Past participle*: inclus.
19) *Past participle*: nui.
20) *In interrogative form, 'puis' is substituted for 'peux'*: puis-je vous aider? = *may I help you?*
21) *Present Subjunctive*: je prévale *etc*.
22) *Future*: je prévoirai *etc*; *Conditional*: je prévoirais *etc*.
23) *Past participle*: promu; *used only in infinitive, both participles, a compound tenses.*
24) *Past participle*: relui; *Past Historic*: je reluis *etc*.
25) *No past participle – no compound tenses.*